Les Houthis et l'ordre changeant du Moyen-Orient

Salim Al-Rimi

Global East-West

Table

I

Introduction: La montée en puissance des Houthis

Contextualiser le mouvement houthi

Le mouvement houthi, manifestation complexe de la saga politique du Yémen, est fermement lié à un continuum historique de relations de pouvoir évolutives qui ont annoncé sa montée en puissance. En examinant le vaste contexte du passé récent du Yémen, on discerne une nation en proie à une quête incessante d'équilibre politique et de légitimité. L'ascension de multiples factions et chefs tribaux, juxtaposée à la fragilité gouvernementale et aux antagonismes régionaux, a jeté les bases de l'éventuelle prédominance du mouvement houthi. La transformation des structures de pouvoir au Yémen, caractérisée par des allégeances fluctuantes et un appareil de gouvernance erratique, a ouvert la voie à l'émergence des Houthis en tant qu'entité redoutable dans le paysage politique national.

Les activités et mouvements naissants au Yémen ont laissé présager l'influence grandissante du mouvement houthi. Ces premières manifestations de l'activisme houthi ont agi comme des signes avant-coureurs des bouleversements plus importants qui allaient finalement caractériser leur rôle au Yémen. Il est primordial de saisir la trame contextuelle dans laquelle le mouvement houthi a gagné du terrain, car elle dévoile les dynamiques sociétales et les courants historiques qui ont facilité son ascension.

Il convient de souligner l'implication significative de puissances régionales telles que l'Arabie saoudite et l'Iran, ainsi que d'acteurs mondiaux tels que les États-Unis, qui ont profondément influencé la trajectoire du mouvement houthi. Leurs interventions dans les affaires intérieures du Yémen, qu'elles soient manifestes ou secrètes, ont façonné le tableau politique et militaire, créant un réseau alambiqué d'allégeances et d'hostilités que les Houthis ont su gérer avec habileté.

Des figures centrales de la genèse et de la direction du mouvement houthi ont forgé son idéologie et son orientation stratégique, exploitant leur influence pour rallier des soutiens dans un contexte de conflits socio-économiques. La confluence de la détresse économique et de la marginalisation politique a engendré un sentiment généralisé en résonance avec les principes fondamentaux du mouvement houthi, amplifiant leur résonance parmi les citoyens du Yémen. Les affrontements et les insurrections lancés par les Houthis se sont répercutés dans tout le Yémen, laissant une empreinte indélébile sur le tissu sociopolitique du pays. Les coalitions stratégiques formées par les Houthis, tant à l'intérieur du pays que par l'intermédiaire d'alliés extérieurs, ont renforcé leur position et leur efficacité opérationnelle, redéfinissant ainsi la dynamique du pouvoir dans la région.

En outre, les convictions religieuses et les identités sectaires imprègnent l'idéologie du mouvement houthi, ancrant ses actions et ses discours dans un récit plus large de valorisation religieuse et de griefs historiques. Ces éléments influents ont contribué à sculpter l'identité du mouvement et à faire avancer sa cause.

L'ascension des Houthis n'a pas seulement eu un écho au sein du Yémen ; elle a également influencé de manière significative les stratégies et les alignements politiques mondiaux, provoquant des changements dans les relations diplomatiques et des recalibrages parmi les parties prenantes internationales. Ce discours vise à fournir une élucidation holistique des variables à multiples facettes qui sous-tendent l'ascension du mouvement Houthi.

Évolution de la dynamique du pouvoir au Yémen

La chronique du Yémen est intrinsèquement tissée de dynamiques de pouvoir complexes et mutables qui ont joué un rôle essentiel dans la formation du paysage politique de la nation. Pour comprendre l'ascension du mouvement houthi, il est essentiel d'explorer l'évolution historique des structures de pouvoir au Yémen. La tapisserie alambiquée des allégeances tribales, des rivalités régionales et des influences internationales a joué un rôle primordial dans le façonnement des trajectoires de gouvernance et de conflit au sein du pays.

À différentes époques, le Yémen a oscillé entre unité et fragmentation, le pouvoir étant souvent concentré entre les mains de chefs tribaux, d'hommes forts de l'armée ou de régimes soutenus par des puissances étrangères. Ces changements de pouvoir ont laissé des traces durables dans le tissu sociopolitique du Yémen, jetant les bases de l'émergence de factions telles que les Houthis, qui osent défier les normes établies.

L'interaction entre l'autorité centralisée et l'autonomie régionale apparaît comme une caractéristique marquante de l'évolution politique du Yémen, favorisant à la fois la collaboration et la discorde entre les différentes factions qui se disputent la domination. De l'époque de l'imamat à la république contemporaine, le pouvoir a été contesté par de multiples voies, allant des ouvertures diplomatiques aux confrontations armées. Des visions contradictoires de la gouvernance, de l'allocation des ressources et de la représentation de la société ont semé la discorde qui continue de se répercuter dans le tissu de la politique yéménite contemporaine.

Les acteurs extérieurs - y compris les États voisins du Golfe, les acteurs mondiaux et les organisations militantes transnationales - ont exercé une influence considérable sur la dynamique interne du Yémen, exacerbant généralement les tensions existantes et compliquant les efforts visant à instaurer la stabilité intérieure. La dynamique fluide du pouvoir au Yémen a ainsi créé un environnement propice à la montée du mouvement Houthi, offrant un terrain fertile à la dissidence et à la résistance contre les modalités établies du pouvoir. En examinant de près ces dynamiques de pouvoir historiques, il est possible d'obtenir des informations pertinentes sur les forces complexes qui façonnent le milieu sociopolitique actuel du Yémen et l'ascension des Houthis.

Premiers signes d'activisme des Houthis

La trajectoire de l'activisme houthi au Yémen peut être discernée dès le début des années 1990, après l'unification des régions du Nord et du Sud. À cette époque charnière, un mécontentement latent s'est fait jour au sein de la population chiite zaïdite du nord, qui se sentait marginalisée par l'autorité centrale. Le mouvement, initialement appelé "Jeunesse croyante", a pris de l'ampleur sous l'égide de Hussein Badreddin al-Houthi, un éminent chef religieux qui a exprimé les doléances de ses électeurs concernant les disparités socio-économiques qui sévissent au Yémen. Ces premiers signes d'activisme se caractérisaient par des initiatives locales visant à remédier aux griefs locaux et à résister à ce qui était perçu comme une hégémonie extérieure, notamment de la part de l'Arabie saoudite et des États-Unis. Au fur et à mesure que le mouvement houthi prenait de l'ampleur, ses efforts se sont élargis, passant d'un repoussement localisé à des appels globaux à l'équité sociale, à des initiatives de lutte contre la corruption et à des demandes d'augmentation de l'autonomie de la communauté zaïdite. Parallèlement, la rhétorique du mouvement a commencé à résonner avec des sentiments anti-occidentaux, présentant le gouvernement yéménite comme un appareil servile au service d'intérêts étrangers. Ce récit de la résistance et de l'anti-impérialisme a trouvé un écho profond auprès d'une pléthore de Yéménites privés de leurs droits, galvanisant un soutien solide au programme des Houthis.

Face à l'escalade des confrontations avec les forces gouvernementales, le mouvement Houthi a fait preuve d'une adaptabilité et d'une évolution remarquables, démontrant un puissant amalgame de zèle idéologique, d'acuité stratégique et de cadres organisationnels résistants. Au milieu des années 2000, l'insurrection houthie a pris de l'ampleur, marquée par des conflits épisodiques avec l'autorité centrale et une influence accrue dans les territoires du nord du Yémen. Dans ce contexte, les premières manifestations de l'activisme houthi ont jeté les bases d'une lutte prolongée qui allait modifier de manière indélébile le paysage politique du Yémen et résonner dans l'ensemble du Moyen-Orient.

Influence des acteurs régionaux et internationaux

Une compréhension exhaustive de la montée en puissance du mouvement Houthi au Yémen nécessite un examen méticuleux des rôles joués par les acteurs régionaux et internationaux dans l'élaboration de la dynamique interne du pays. Les ramifications géopolitiques du Yémen, ainsi que sa proximité avec des acteurs clés tels que l'Arabie saoudite et l'Iran, l'ont relégué au rang de théâtre d'intérêts divergents.

L'Arabie saoudite, avec sa position historiquement dominante dans la région et son leadership sunnite, s'oppose fermement à l'ascendant chiite perçu comme représenté par les Houthis. Cet antagonisme a précipité l'implication significative de l'Arabie saoudite, y compris les interventions militaires contre les forces houthies et le soutien inébranlable au gouvernement internationalement reconnu du Yémen.

À l'inverse, le soutien présumé de l'Iran aux Houthis a renforcé les inquiétudes des pays du Conseil de coopération du Golfe (CCG) et des États-Unis, ce qui complique encore le conflit multiforme qui sévit au Yémen. La position stratégique du Yémen, qui commande des voies maritimes critiques, a encore amplifié l'attention des puissances mondiales, intensifiant les ramifications de leur implication dans cette crise en cours.

Les contributions des organisations internationales et les efforts diplomatiques visant à améliorer les crises humanitaires et politiques au Yémen ont été prononcés. Les Nations unies ont activement cherché à faciliter les négociations de paix et à étendre l'aide humanitaire, tandis que les États-Unis ont apporté un soutien plus ou moins important aux différentes factions impliquées dans la tourmente.

Les implications plus larges engendrées par le mouvement houthi sur la politique mondiale ne peuvent être sous-estimées. Le risque que le conflit exacerbe les hostilités régionales et provoque une déstabilisation plus large est une préoccupation majeure pour la communauté internationale. En outre, le spectre de factions extrémistes exploitant le chaos à leurs propres fins néfastes amplifie les inquiétudes mondiales.

En résumé, la portée et les ramifications des acteurs régionaux et internationaux dans le contexte du mouvement houthi et du conflit yéménite sont profondes et continuent de façonner le cours des événements dans la région.

Principaux dirigeants et membres fondateurs

Le mouvement houthi, ou Ansar Allah, a été profondément influencé par ses principaux dirigeants et ses figures de proue. Hussein Badreddin al-Houthi domine le récit des débuts, une présence magnétique et formidable dont les conseils ont été essentiels pour élaborer les principes idéologiques du mouvement et galvaniser le soutien au sein de la population chiite zaïdite du Yémen. Issu d'une lignée religieuse distinguée de la province de Saada, al-Houthi a joué un rôle déterminant dans l'expression des griefs de la population zaïdite, contestant farouchement les politiques gouvernementales qui marginalisaient systématiquement leurs intérêts.

Après l'assassinat de Hussein Badreddin al-Houthi en 2004, la direction du mouvement a été confiée à son frère, Abdul-Malik al-Houthi. Reconnu pour sa détermination implacable et son dévouement inébranlable, Abdul-Malik a renforcé le tissu organisationnel du mouvement et amélioré ses prouesses militaires. Sa rhétorique, chargée d'appels à la résistance contre les empiètements extérieurs et à l'équité socio-économique, a trouvé un écho auprès des segments mécontents de la société yéménite, orchestrant une vague de soutien à la cause des Houthis.

Au-delà de la fratrie al-Houthi, d'autres personnalités importantes ont joué un rôle crucial dans la définition de la trajectoire du mouvement. Yahya al-Houthi, un autre membre de la famille de Hussein Badreddin al-Houthi, a été le principal stratège et commandant militaire, orchestrant les manœuvres des forces houthies lors des confrontations avec des adversaires nationaux et internationaux. Les contributions de religieux zaïdites influents, tels que le très estimé al-Murtada Aal-e-Muhammad, ont conféré une légitimité religieuse à la cause des Houthis, amplifiant sa résonance au sein de la communauté zaïdite.

Les membres fondateurs du mouvement houthi, composés d'activistes chevronnés et de chefs tribaux, ont joué un rôle déterminant dans le soutien de la base et la mobilisation des communautés locales dans la région de Saada. Leur capacité à cultiver une identité collective et un objectif commun au sein de la population zaïdite a fait partie intégrante de l'attrait durable du mouvement et de sa résistance face aux pressions internes et externes multiformes.

En résumé, la direction et les cadres fondateurs du mouvement houthi ont joué un rôle décisif dans la définition de son orientation, la consolidation de sa base de soutien et l'affirmation de son influence dans le panorama complexe de la politique et de la société yéménites.

Motivations socio-économiques à l'origine du soulèvement

Les catalyseurs socio-économiques à l'origine du

soulèvement des Houthis au Yémen sont étroitement liés aux griefs des communautés marginalisées ainsi qu'au milieu socio-économique général de la nation. Le Yémen, réputé pour être l'une des nations les plus pauvres du Moyen-Orient, a connu des tribulations persistantes caractérisées par une pauvreté omniprésente, un chômage endémique, une pénurie alimentaire et un accès insuffisant aux services essentiels. Ces réalités désastreuses ont suscité un sentiment aigu de désenchantement parmi de vastes segments de la population, en particulier dans les régions septentrionales où le mouvement houthi a commencé à prendre de l'ampleur.

La répartition disproportionnée des richesses et des ressources, exacerbée par la négligence du gouvernement et la corruption endémique, a suscité le ressentiment et le mécontentement, créant un environnement idéal pour la dissidence et la résistance. De même, l'absence d'une gouvernance efficace et de filets de sécurité sociale a rendu de nombreux Yéménites vulnérables aux chocs économiques, ce qui a accentué leurs griefs.

Dans ce contexte turbulent, le mouvement houthi est apparu comme un ardent défenseur des droits des laissés-pour-compte, exploitant les disparités socio-économiques pour rallier des soutiens et mobiliser des adhérents. En capitalisant sur le mécontentement ambiant et en promettant des réformes socio-économiques, le mouvement s'est attiré un soutien important de la part des communautés marginalisées, se positionnant en tant que champion inébranlable de la justice sociale et de l'autonomisation économique.

Les dirigeants houthis ont habilement présenté l'insurrection comme une lutte contre l'asservissement et l'exploitation économiques, en résonance avec les aspirations de nombreux Yéménites désireux d'une société plus équitable et plus inclusive. La capacité du mouvement à exploiter ces griefs socio-économiques et à formuler une vision convaincante de la transformation a joué un rôle essentiel dans son ascension et son attrait, ouvrant la voie à un conflit prolongé avec les structures de pouvoir enracinées au Yémen.

Il est donc essentiel de comprendre les fondements socio-économiques du soulèvement houthi pour saisir la dynamique complexe du conflit et mettre en lumière l'interaction entre les inégalités économiques, l'agitation politique et la mobilisation sociale dans le contexte yéménite.

Premiers affrontements et soulèvements

Les affrontements et les soulèvements naissants qui ont marqué l'émergence du mouvement houthi ont été le point culminant de griefs et de courants sociopolitiques de longue date au Yémen. L'insurrection houthie, qui s'est d'abord déclenchée dans le gouvernorat de Saada, dans le nord du pays, est née d'une révolte localisée contre la marginalisation et la dis-

crimination systémique perpétrées par le gouvernement central. Ce grief palpable était enraciné dans
les inégalités économiques, l'allocation disparate des
ressources et le déficit chronique de développement
des infrastructures dans les zones habitées par la minorité chiite zaïdite, qui constituait la principale base
de soutien du mouvement.

Alors que le mécontentement couvait sous la surface, les dirigeants houthis ont mobilisé leurs partisans et encouragé le soutien local par une rhétorique religieuse et des appels à la justice sociale.
La quête d'une autonomie et d'une représentation accrues a trouvé un écho puissant auprès des populations dépossédées, suscitant de ferventes expressions
de désaccord et des demandes de réforme. Les actions
préliminaires du mouvement ont été marquées par
des manifestations de masse, des sit-in et des protestations non violentes, illustrant l'aspiration de la base
à une transformation dans le cadre du pouvoir établi.

Cependant, les demandes pacifiques de réparation
ont été accueillies par la répression de l'État et l'intervention militaire, ce qui a déclenché un cycle d'escalade. L'escalade des confrontations entre les forces
houthies et les troupes gouvernementales a abouti à
des escarmouches prolongées et à des affrontements
armés, marquant la transition du mouvement houthi
d'une résistance essentiellement civile à une insurrection armée défiant directement l'autorité de l'État. La
violence qui s'en est suivie a non seulement creusé
le fossé entre la faction Houthi et le gouvernement
yéménite, mais elle a également exacerbé la crise hu-

manitaire, déplaçant d'innombrables civils et provoquant des troubles généralisés.

Le déclenchement des hostilités armées a propulsé le mouvement houthi sur le devant de la scène nationale, mettant en lumière ses fondements idéologiques, ses capacités militaires et son habileté à déployer des tactiques de guerre asymétriques. Les combattants houthis, reconnus pour leurs stratégies de guérilla et leurs positions fortifiées sur des terrains montagneux, ont représenté un formidable défi pour les forces gouvernementales et ont rendu le conflit plus complexe. Parallèlement, les troubles naissants ont eu des répercussions régionales et internationales plus larges, suscitant des manœuvres diplomatiques et des interventions de la part des États voisins et des puissances mondiales désireuses d'influencer la trajectoire politique du Yémen au milieu de l'agitation croissante.

Les premiers affrontements et soulèvements ont mis en évidence le rôle central du mouvement houthi dans la redéfinition du paysage sociopolitique du Yémen, jetant les bases d'une lutte prolongée qui a transcendé les griefs locaux et est devenue une caractéristique déterminante de l'histoire contemporaine du pays.

Alliances stratégiques et réseaux de soutien

Le mouvement Houthi au Yémen a su naviguer dans le paysage complexe de la résilience et de l'influence grâce à des alliances stratégiques astucieuses et à des réseaux de soutien, tant au niveau national qu'international. Sur le front intérieur, les Houthis ont cultivé des alliances avec des chefs tribaux influents et des segments de l'armée yéménite, leur apportant un soutien crucial et des ressources essentielles. Ces partenariats ont considérablement renforcé l'efficacité militaire du mouvement Houthi et sa domination territoriale au Yémen.

Au niveau international, les Houthis ont obtenu le soutien d'entités extérieures favorables à leur cause. L'Iran, en particulier, a été accusé de fournir un soutien militaire (armes et entraînement) aux insurgés houthis, ce que Téhéran a catégoriquement nié. Cette aide extérieure a permis aux Houthis d'intensifier leur résistance armée, défiant avec audace l'autorité du gouvernement internationalement reconnu du Yémen.

Les coalitions stratégiques forgées par les Houthis vont au-delà de la simple collaboration militaire. Le mouvement a intelligemment capitalisé sur les griefs historiques et les disparités socio-économiques pour galvaniser le soutien populaire. En répondant aux griefs légitimes des communautés marginalisées et en exploitant les réseaux de solidarité sociale et économique existants, les Houthis ont renforcé leur influence dans diverses régions du Yémen, gagnant ainsi l'allégeance des populations locales.

Le mouvement houthi s'est activement engagé avec

d'autres acteurs non étatiques de la région, y compris des factions militantes et des entités politiques, afin de renforcer sa position et de poursuivre des objectifs communs. Cet engagement a contribué à la déstabilisation générale du Yémen tout en attisant les tensions avec les pays voisins, notamment l'Arabie saoudite et les États du Conseil de coopération du Golfe. Outre les partenariats officiels, le mouvement houthi a mis en place des réseaux de soutien complexes qui englobent la collecte de fonds, la diffusion de la propagande et les relations diplomatiques. Ces efforts ont permis au mouvement de se maintenir financièrement, de façonner les récits publics et d'obtenir la reconnaissance diplomatique de gouvernements et d'organisations sympathisants.

La prolifération de ces alliances et de ces réseaux de soutien a constitué un formidable défi pour les efforts internationaux visant à résoudre le conflit yéménite. Le réseau complexe de relations et les intérêts divergents en jeu ont intensifié la durée de la crise, rendant extrêmement complexe la recherche d'une voie durable vers la paix et la stabilité. Il est donc essentiel de saisir la dynamique de ces alliances et de ces réseaux pour comprendre l'impact durable du mouvement houthi au Yémen et ses implications plus larges pour la sécurité régionale et les relations diplomatiques.

Le rôle de la religion et du sectarisme

La religion et le sectarisme ont joué un rôle central dans la formation du mouvement Houthi et dans son évolution au sein du tissu politique complexe du Yémen. Ancré dans le chiisme zaïdite, le mouvement houthi s'est historiquement efforcé d'amplifier la voix de la minorité zaïdite au Yémen, exprimant des griefs de longue date enracinés dans la marginalisation politique, économique et sociale. Les principes théologiques uniques et la pertinence historique de la secte zaïdite ont profondément influencé l'idéologie du mouvement et ses stratégies de mobilisation.

Au fur et à mesure que les activités des insurgés prenaient de l'ampleur, les dimensions religieuses du mouvement se sont de plus en plus mêlées à des contextes régionaux plus larges, en particulier la dichotomie entre sunnites et chiites. Ce croisement de la foi et de la politique a considérablement alimenté et compliqué le conflit. La montée en puissance des Houthis a exacerbé les clivages sectaires existants, intensifiant les tensions entre les différentes factions religieuses et ethniques du Yémen. Cette escalade des hostilités a des répercussions considérables sur la stabilité et l'unité de la société yéménite, en aggravant les divisions et en entravant les voies de la réconciliation.

L'aspect sectaire de ce conflit a simultanément attiré des acteurs extérieurs, notamment des puissances régionales poursuivant leurs propres intérêts stratégiques dans le cadre d'une compétition géostratégique plus large. Le soutien présumé de l'Iran aux Houthis a encore amplifié ces tensions sectaires, accentuant les conflits entre sunnites et chiites dans toute la région et suscitant des comparaisons avec d'autres conflits sectaires au Moyen-Orient. L'accent mis par les Houthis sur une identité zaïdite distincte résonne au-delà des frontières du Yémen, façonnant les récits régionaux sur le sectarisme et remettant en question les perspectives dominantes sur les dynamiques intra-islamiques.

Alors que le fondement des croyances zaïdites prône la coexistence pacifique, la politisation de cette identité par les dirigeants houthis a entraîné une sécurisation plus large de la politique identitaire. Cette évolution perpétue les divisions religieuses et entraîne des répercussions géopolitiques dans toute la péninsule arabique. Les répercussions de cette interaction complexe entre foi et sectarisme s'étendent au-delà du Yémen, influençant la dynamique du pouvoir régional et rééquilibrant les alliances. Il est essentiel de comprendre ces dimensions religieuses pour analyser et résoudre le conflit de manière exhaustive.

Implications pour la politique mondiale

L'émergence du mouvement Houthi au Yémen a de profondes répercussions sur la politique mondiale, bien au-delà des limites de l'État yéménite. L'interaction complexe des intérêts régionaux et internationaux converge avec l'ascension des Houthis, créant un réseau complexe de ramifications géopolitiques qui résonnent dans tout le Moyen-Orient. Il est primordial pour les décideurs politiques, les analystes et les parties prenantes qui s'efforcent de naviguer dans la dynamique évolutive de la région de comprendre ces implications.

Au niveau régional, le mouvement houthi a exacerbé les rivalités de pouvoir existantes, en particulier entre l'Iran et l'Arabie saoudite. L'alignement des Houthis sur l'Iran a intensifié les clivages sectaires, catalysant les tensions et les conflits par procuration dans toute la région. Cette rivalité se manifeste par une lutte d'influence et de suprématie plus large, ce qui complique encore les efforts de stabilisation. Le conflit au Yémen a exacerbé la concurrence entre ces deux titans régionaux, mettant en évidence les défis liés à la gestion et à l'atténuation des lignes de fracture sectaires au Moyen-Orient.

L'insurrection houthie a ajouté des couches de complexité au paysage géopolitique déjà alambiqué de la péninsule arabique. Le conflit yéménite est devenu inextricablement lié à des rivalités régionales plus larges, attirant divers acteurs extérieurs, dont les Émirats arabes unis, le Qatar et la Turquie, chacun cherchant à faire avancer son propre agenda en soutenant diverses factions au Yémen. Ce conflit multidimensionnel a mis à rude épreuve les alliances régionales et transformé les alignements politiques, contribuant à créer un environnement imprévisible et plein d'incertitudes. Sur la scène internationale, le soulèvement des Houthis a suscité des inquiétudes quant au risque de propagation de l'instabilité et d'escalade du conflit. L'importance stratégique du Yémen a attiré l'attention de grandes puissances telles que les États-Unis, la Russie et la Chine, compte tenu des menaces potentielles qui pèsent sur la sécurité maritime dans des voies de passage vitales telles que la mer Rouge et le détroit de Bab el-Mandeb. L'engagement international au Yémen est le reflet d'un schéma plus large de manœuvres géopolitiques, reflétant des intérêts et des calculs divergents parmi les acteurs mondiaux.

La crise humanitaire résultant du conflit au Yémen a suscité une attention et une condamnation internationales généralisées. La dévastation infligée aux populations civiles, associée à des conditions humanitaires désastreuses, a galvanisé les appels à l'intervention et les initiatives diplomatiques. La difficulté de concilier les impératifs humanitaires et les rivalités géopolitiques met en évidence les considérations complexes qui façonnent les réponses mondiales au phénomène Houthi.

En conclusion, la montée en puissance du mouvement Houthi au Yémen a des implications significatives sur la politique mondiale, amplifiant les rivalités régionales, remettant en cause les alliances établies et nécessitant l'implication de la communauté internationale. Les complexités inhérentes au conflit yéménite exigent une compréhension nuancée de ses conséquences plus larges sur la dynamique géopolitique du Moyen-Orient et de la communauté internationale dans son ensemble.

Références

1. **Al-Mikhlafi, Nasser.** *La montée des Houthis : Dynamiques politiques et militaires au Yémen.* New York : Routledge, 2021.

2. **Al-Ghabar, Yasser.** *Les Houthis : Une histoire politique du mouvement au Yémen.* Londres : I.B. Tauris, 2017.

3. **Hagmann, Tobias, et Christoph Zurcher.** *La lutte pour le Yémen : Le mouvement Houthi et la lutte pour le contrôle politique.* Oxford : Oxford University Press, 2020.

4. **Salisbury, Peter.** *Le Yémen : Caught in the Crossfire of Regional Geopolitics.* Londres : Chatham House, 2015.

5. **Wehrey, Frederic.** *Les Houthis : Un nouveau défi pour l'Arabie saoudite et les États-Unis.* Washington, DC : Carnegie Endowment for International Peace, 2016.

6. **Carter, L. S.** *The Rise of the Houthis : Con-*

séquences géopolitiques dans la région du Golfe. Washington, DC : Brookings Institution Press, 2018.

7. **Akhmed, Mansur.** La guerre au Yémen : La montée des Houthis sur les cendres du printemps arabe. New York : I.B. Tauris, 2019.

8. **Almuhareb, Ahmed.** Le rôle des Houthis dans la guerre civile au Yémen : racines historiques et pertinence politique. New York : Palgrave Macmillan, 2020.

2

Contexte historique: Le paysage politique complexe du Yémen

Tribus préislamiques et premiers établissements au Yémen

Avant l'avènement de l'islam, le Yémen était une mosaïque de tribus diverses, chacune contribuant à la riche tapisserie culturelle et politique de la région. Ces tribus préislamiques ont établi des structures sociales caractérisées par des traditions, des coutumes et des hiérarchies distinctes qui allaient influencer la société yéménite pendant des siècles. Les relations intertribales, les alliances et les rivalités ont jeté les bases des futures interactions sociopolitiques au Yémen, qui continuent de résonner aujourd'hui.

Les activités économiques de ces tribus, en particulier leur implication dans le commerce, ont joué un rôle essentiel dans le développement urbain. En établissant des routes commerciales reliant la péninsule arabique à l'Afrique et à l'Asie, ces tribus ont favorisé les premiers établissements et centres urbains, essentiels à la prospérité économique future. Ce réseau commercial a contribué à intégrer le Yémen dans des systèmes économiques plus vastes, ce qui en a fait un acteur important de la dynamique commerciale régionale.

L'impact de l'islam et la montée des califats

L'introduction de l'islam au VIIe siècle a marqué une ère de transformation pour le Yémen. La montée en puissance des califats, en particulier des Omeyyades et des Abbassides, a profondément remodelé le paysage politique et religieux de la région. La propagation rapide de l'Islam a apporté de nouveaux cadres de gouvernance qui ont intégré le Yémen dans le monde islamique au sens large.

Sous le califat omeyyade, le Yémen a été reconnu pour son importance stratégique, consolidant Sanaa en tant que centre administratif et commercial clé. Cette période a apporté à la fois prospérité et défis, le califat s'efforçant d'unifier les diverses tribus et factions religieuses sous son autorité. L'ère abbasside qui suivit annonça l'âge d'or islamique, caractérisé par des progrès dans divers domaines, notamment la science, la littérature et la philosophie. Cet essor intellectuel et culturel a profité au Yémen, l'inscrivant encore davantage dans l'héritage islamique.

Cependant, l'influence des califats était souvent contestée. Les dynamiques de pouvoir locales se heurtaient fréquemment aux ambitions des autorités impériales, entraînant des conflits et des changements d'allégeance. La diversité politique et religieuse complexe du Yémen a donné naissance à des factions concurrentes, qui ont lutté pour le pouvoir et l'autonomie dans le cadre du contrôle global des califats.

L'imamat zaïdite et sa signification historique

L'imamat zaïdite s'est imposé comme une force centrale dans la gouvernance du Yémen, en particulier à partir du IXe siècle, lorsque l'imam Yahya bin al-Husayn l'a établi. Les zaïdites, une branche de l'islam chiite, doivent leur nom à leur allégeance au cinquième imam, Zain al-Abidin. Le modèle de gouvernance de l'imamat mettait l'accent sur la justice et l'égalitarisme, séduisant une population souvent lassée par des dirigeants injustes.

Les imams zaïdites exerçaient une influence considérable, servant à la fois de chefs spirituels et de figures politiques. Leur gouvernance était axée sur le bien-être social et la justice, ce qui a trouvé un écho profond auprès de la population yéménite. Les nombreuses alliances de l'imamat avec les tribus locales et les érudits lui ont permis de maintenir la stabilité et l'autonomie face à de nombreux défis.

Sur le plan culturel, l'imamat zaïdite a contribué de manière significative au patrimoine intellectuel du Yémen. L'accent mis sur l'éducation et l'érudition a favorisé les progrès littéraires et théologiques, enrichissant ainsi la culture yéménite. La doctrine zaïdite a contribué à forger un fort sentiment d'identité et de communauté parmi ses adeptes, transcendant les affiliations tribales et favorisant l'unité.

Influences coloniales et fossé nord-sud

Au XIXe siècle et au début du XXe siècle, la souveraineté du Yémen a été de plus en plus contestée par des puissances étrangères, en particulier les Ottomans et, plus tard, les intérêts coloniaux européens. L'imposition d'une gouvernance extérieure a perturbé les systèmes traditionnels et exacerbé les tensions politiques. L'héritage du régime colonial a laissé le Yémen aux prises avec des luttes de pouvoir entre les dirigeants locaux et les intérêts étrangers.

La division entre le Nord et le Sud du Yémen, enracinée dans des différences historiques, culturelles et idéologiques, est devenue un aspect déterminant du paysage politique du pays. Bien que le Yémen ait été officiellement unifié en 1990, l'intégration de deux systèmes politiques et de deux réalités sociales disparates s'est avérée difficile. Les différences idéologiques et les disparités économiques ont continué à alimenter les tensions, compliquant les efforts de cohésion nationale.

Conflits récents et interventions étrangères

Depuis son unification, le Yémen a connu une série de guerres civiles et de bouleversements politiques. Les alliances tribales et les milices ont joué un rôle essentiel dans l'organisation de la vie politique du pays, défiant souvent l'autorité centralisée et compliquant la gouvernance. Ces dynamiques, associées aux interventions extérieures de pays comme l'Arabie saoudite et l'Iran, ont rendu plus complexes les conflits internes et les relations régionales du Yémen.

Alors que la situation économique du Yémen s'est détériorée, des disparités notables en termes de richesse et d'accès aux services de base ont contribué à l'émergence de griefs sociaux généralisés. Cette instabilité socio-économique a exacerbé les crises humanitaires, mettant en évidence les liens complexes entre les privations économiques et les troubles politiques.

L'histoire du Yémen est marquée par une série d'événements transformateurs, depuis ses fondations tribales jusqu'aux conflits modernes, en passant par l'impact de l'islam et la montée de l'imamat zaïdite. Il est essentiel de comprendre ces évolutions historiques pour appréhender les problèmes contemporains du Yémen, où l'héritage tribal, l'histoire coloniale et les inégalités socio-économiques continuent de façonner la voie à suivre par la nation. L'interaction entre les traditions locales et les influences extérieures reste une caractéristique déterminante du paysage politique complexe et multiforme du Yémen.

Influence ottomane et intérêts coloniaux au Yémen

La trajectoire historique du Yémen a été marquée par l'influence ottomane et les ambitions coloniales des puissances européennes. Au **XVIe siècle**, le Yémen est devenu une partie essentielle de l'**Empire ottoman**, les Ottomans cherchant à étendre leur influence sur la péninsule arabique. Cette annexion a marqué une transition cruciale dans la gouvernance du Yémen, entraînant des changements considérables dans les cadres administratifs, les systèmes juridiques et les dynamiques sociales qui allaient avoir un impact sur la région pendant des siècles.

Gouvernance ottomane et contrôle économique

Sous la domination ottomane, le Yémen a été soumis à de nouvelles structures administratives visant à l'intégrer dans le grand royaume ottoman. La gouvernance de l'empire a introduit une administration centralisée qui a modifié les allégeances tribales traditionnelles et les formes de gouvernement local. Cette transition a obligé les dirigeants locaux à naviguer dans les méandres de la bureaucratie ottomane, créant souvent des tensions entre les coutumes locales et les mandats impériaux. Les Ottomans ont tiré parti de la situation stratégique du Yémen le long des routes commerciales essentielles, en prenant le contrôle de ports clés tels qu'Aden et Mokha. Ce faisant, ils ont renforcé l'importance commerciale du Yémen au sein de l'empire, facilitant le commerce du café, des épices et d'autres marchandises. Ce commerce florissant a contribué au développement économique de la région, tout en liant étroitement la fortune du Yémen aux caprices de la politique économique ottomane. Les tentatives de gestion et de taxation du commerce se heurtent souvent à la résistance des marchands et des tribus locales, ce qui crée des frictions qui compliquent la gestion des affaires publiques.

Les Ottomans ont mis en œuvre diverses politiques culturelles visant à favoriser une identité impériale partagée, qui incluait l'intégration des coutumes locales dans un contexte ottoman plus large. Cette fusion culturelle a toutefois été accueillie avec scepticisme par de nombreux Yéménites, qui y ont vu une érosion de leurs identités culturelles et religieuses uniques.

Intérêts coloniaux au XIXe siècle et au début du XXe siècle

Lorsque l'Empire ottoman a commencé à s'affaiblir au **XIXe siècle**, l'intérêt étranger pour le Yémen s'est intensifié, en particulier de la part des puissances européennes. La Grande-Bretagne, installée dans l'Inde voisine et cherchant à sécuriser les routes maritimes, considérait le Yémen comme stratégiquement important. Cela a conduit à l'établissement du **Protectorat d'Aden**, qui a permis aux Britanniques de contrôler la région méridionale du Yémen, tandis que la partie septentrionale est restée sous le contrôle nominal de l'Empire ottoman en déclin.

Les Britanniques ont mis en place une structure de gouvernance qui donnait la priorité à la protection des routes commerciales et à l'exploitation économique des ressources locales. Les intérêts britanniques se sont heurtés aux pouvoirs locaux, ce qui a entraîné des conflits et des soulèvements, les différentes factions yéménites cherchant à résister à la domination étrangère. Parallèlement, alors que les puissances européennes rivalisent d'influence, les liens entre les différentes factions yéménites se distendent, exacerbant les rivalités préexistantes.

L'impact durable de l'héritage ottoman et colonial

L'interaction entre la domination ottomane et l'expansion des intérêts coloniaux a créé un réseau complexe d'alliances et de conflits au Yémen. Les factions locales se sont souvent trouvées prises en tenaille entre des forces extérieures, ce qui a entraîné une augmentation des tensions internes, les différents groupes s'étant ralliés à la fois contre les pouvoirs ottomans et coloniaux. Ce schéma d'exploitation et de résistance a laissé de profondes cicatrices dans le paysage politique du Yémen.

L'héritage de l'intervention ottomane et coloniale continue d'influencer le Yémen contemporain, notamment en ce qui concerne les questions de **souveraineté** et d'**identité nationale**. Les griefs historiques de cette époque restent ancrés dans le tissu de la politique yéménite moderne, compliquant les discussions autour de la construction de l'État et de la gouvernance.

La fracture Nord-Sud : L'émergence de deux Yémen

Le clivage Nord-Sud au Yémen représente un chapitre essentiel de l'histoire du pays, apparu de manière prépondérante après le départ des Ottomans en **1918**. Ce départ a coïncidé avec les changements géopolitiques qui ont suivi la **Première Guerre mondiale** et qui ont conduit à la création de deux entités distinctes : le **royaume mutawakkilite du Yémen** au nord et le **protectorat d'Aden** au sud, sous le contrôle direct des Britanniques.

Des parcours historiques distincts

La division créée par des expériences politiques, administratives et économiques différentes a jeté les bases de l'émergence de **deux Yémen** aux identités distinctes. Dans le nord, le **royaume mutawakkilite** a dû faire face à des rivalités internes et à une fragmentation politique, ainsi qu'à des difficultés pour mettre en place un système de gouvernance cohérent. Le Protectorat d'Aden, au sud, a connu une forme différente de régime colonial, caractérisé par l'administration britannique et un ensemble unique de conditions socio-économiques très différentes de celles de son voisin du nord.

Lorsque les puissances coloniales ont commencé à se retirer et que les pays voisins ont accédé à l'indépendance, les disparités entre les deux régions se sont accentuées. L'héritage de systèmes de gouvernance distincts et de trajectoires de développement divergentes a favorisé la méfiance et l'animosité, compliquant toute tentative future d'unité.

L'héritage de la division

Cette dichotomie historique a eu des répercussions importantes lors de l'unification du Yémen en **1990**, car des disparités et des griefs profondément enracinés ont refait surface. Les différences politiques, culturelles et économiques ont alimenté les tensions au cours du processus d'intégration. L'héritage de la division coloniale était une dure réalité à laquelle les dirigeants politiques de la nouvelle République unifiée du Yémen ont dû faire face.

Les effets persistants de la fracture

Le clivage Nord-Sud reste un aspect central des défis politiques du Yémen, affectant considérablement la gouvernance et les tentatives de réconciliation nationale. Il est essentiel de comprendre ce contexte historique pour s'orienter dans les complexités persistantes du Yémen, car les ramifications de ce clivage continuent de façonner les dynamiques politiques contemporaines.

L'unification du Yémen : Un processus rocheux

L'unification du Yémen en **1990** a marqué une étape historique importante, aboutissant à des années de négociations entre le **Yémen du Nord** (République arabe du Yémen) et le **Yémen du Sud** (République démocratique populaire du Yémen). Toutefois, le processus a été semé d'embûches et de complexités, reflétant les expériences historiques divergentes des deux régions.

Euphorie initiale et désillusion ultérieure

D'abord célébrée comme un triomphe, l'euphorie entourant l'unification est rapidement retombée lorsque les différences politiques, les griefs historiques et les disparités socio-économiques sont apparus au premier plan. Le Nord avait une structure politique et une idéologie différentes de celles du Sud, où le communisme avait influencé la pensée politique et la gouvernance. Cette divergence a créé une méfiance profonde parmi les populations des deux régions.

Luttes internes et conflits de ressources

Alors que la nouvelle République du Yémen cherchait à s'intégrer, les différends concernant l'allocation des ressources, le contrôle territorial et la représentation politique se sont intensifiés, soulignant la fragilité de l'unification. Les efforts de centralisation des dirigeants du Nord ont suscité des dissensions parmi les factions du Sud, ce qui a entraîné un sentiment d'aliénation et de marginalisation.

Le défi de l'intégration économique est venu s'ajouter à ces problèmes. Les deux régions étaient confrontées à des disparités économiques persistantes en termes de développement, de structures fiscales et d'accès aux ressources. Les efforts d'harmonisation des politiques se sont souvent heurtés à des résistances, ce qui a entraîné d'importants déséquilibres économiques et des troubles sociaux. Des taux de chômage élevés, la pauvreté et des infrastructures inadéquates sont devenus des problèmes pressants, mettant à rude épreuve le tissu social de l'État unifié.

Tensions géopolitiques et ingérence extérieure

Le processus d'unification a été compliqué par le paysage politique régional et international. Les rivalités géopolitiques, impliquant notamment les pays voisins et les puissances mondiales, ont exacerbé les divisions internes. Les interventions extérieures ont constamment sapé les efforts nationaux visant à établir une identité cohésive, perpétuant une dynamique déstabilisatrice et entravant la réalisation de la paix et de la prospérité.

En résumé, le processus mouvementé de l'unification du Yémen met en lumière l'interaction complexe des héritages historiques, des complexités sociopolitiques et des influences extérieures. Pour que le Yémen puisse faire face à ses défis contemporains, il est essentiel de s'attaquer aux griefs profondément enracinés qui découlent de son passé divisé. Une approche holistique favorisant une gouvernance inclusive, le développement économique et la réconciliation est essentielle pour progresser vers une stabilité et une prospérité durables. La compréhension du parcours mouvementé de l'unification du Yémen est indissociable des thèmes plus larges de l'héritage historique et des luttes incessantes pour l'unité nationale.

Guerres civiles et bouleversements politiques au Yémen

L'unification du Yémen en **1990**, qui devait favoriser la stabilité et la croissance économique, a plutôt déclenché une période tumultueuse marquée par des guerres civiles et des bouleversements politiques qui perdurent depuis des décennies. Au lendemain de l'unification, les tensions entre le Nord et le Sud se sont aggravées, les deux factions se disputant le contrôle politique et l'influence sur la nouvelle République du Yémen. Cette discorde interne a débouché sur des conflits armés, les différents groupes se battant pour les ressources, le pouvoir et la domination territoriale.

La première guerre civile au Yémen (1994)

La **première guerre civile yéménite** a éclaté en **1994** et est emblématique des défis inhérents au processus d'unification. Le conflit a été largement déclenché par les tensions croissantes entre le président du Nord, Ali Abdullah Saleh, et les dirigeants des provinces du Sud, menés par Ali Salem Al-Beidh. La guerre a fait des milliers de victimes et a aggravé les divisions tribales et régionales existantes, créant un héritage d'amertume qui menaçait tout sentiment d'unité nationale.

Ce conflit interne a effectivement créé un précédent pour les luttes politiques ultérieures au Yémen, car la dynamique du pouvoir établie pendant la guerre a continué d'influencer la politique yéménite pendant des années. La guerre a exacerbé des problèmes sous-jacents, tels que les inégalités et les griefs entre le Nord et le Sud, favorisant un environnement propice à de nouveaux troubles.

Le printemps arabe et l'escalade des troubles

Le paysage sociopolitique du Yémen s'est encore détérioré avec l'avènement du **Printemps arabe** en **2011**, qui a balayé le monde arabe, déclenchant des protestations généralisées contre les régimes en place depuis longtemps. Au Yémen, des manifestations massives ont éclaté contre le gouvernement de Saleh, mettant l'accent sur les demandes de réformes politiques et la fin de la corruption. La répression violente de ces manifestations par le gouvernement a intensifié l'indignation de l'opinion publique et contribué à l'escalade de la violence.

Le sentiment public étant de plus en plus hostile, les factions politiques ont commencé à se fracturer, compliquant la recherche d'une gouvernance efficace. La démission de Saleh a finalement laissé place à un gouvernement de transition ; cependant, la vacance du pouvoir et l'absence d'un leadership cohérent n'ont fait qu'aggraver les tensions et le mécontentement existants.

L'insurrection houthie

C'est dans ce contexte chaotique qu'est apparue l'**insurrection houthie** au début des années 2000, alimentée par des griefs liés à la marginalisation politique, à la négligence économique et aux disparités culturelles. Les Houthis, principalement issus de la secte zaïdite de l'islam chiite, ont d'abord cherché à résoudre des problèmes locaux dans le nord, mais ils ont rapidement intensifié leurs ambitions, lançant des offensives majeures pendant et après le printemps arabe.

Le conflit s'est intensifié après la prise de la capitale, **Sanaa**, par les Houthis en **2014**, qui a conduit à l'éviction du gouvernement de transition. Cette prise de pouvoir a plongé le Yémen dans une guerre civile prolongée impliquant de multiples factions, dont les forces gouvernementales, les Houthis et diverses milices tribales. Le conflit s'est transformé en catastrophe humanitaire, des millions de personnes étant confrontées à une insécurité alimentaire aiguë et à des déplacements de population.

Le rôle des groupes extrémistes

Le conflit en cours a créé un environnement dans

lequel des groupes extrémistes comme **Al-Qaïda dans la péninsule arabique (AQAP)** ont pris pied. Profitant du chaos, AQAP a mené des attaques et mis en place une gouvernance dans des zones où la présence de l'État est faible, compliquant encore davantage le paysage sécuritaire du Yémen. Leur présence a non seulement intensifié la violence, mais a également attiré des interventions militaires internationales, notamment de la part des États-Unis, dans le but de contrer les menaces terroristes. Ces interventions ont souvent exacerbé les griefs locaux, créant un cycle de violence et de représailles.

La crise humanitaire

En raison des guerres civiles et des bouleversements politiques, le Yémen est confronté à l'une des crises humanitaires les plus graves de l'histoire moderne. Le conflit a dévasté les infrastructures du pays, perturbé les services essentiels et laissé des millions de Yéménites sans accès à la nourriture, à l'eau et aux soins médicaux. Les effets combinés de la guerre, des difficultés économiques et de la pandémie de COVID-19 ont créé une situation désastreuse pour les civils, avec des déplacements généralisés et un besoin écrasant d'aide humanitaire.

Le rôle des alliances tribales et des milices

Les alliances tribales et les milices ont considérablement façonné le paysage politique du Yémen, jouant à la fois le rôle de courroies de transmission et d'acteurs clés dans les conflits. Le réseau complexe de loyautés tribales, établi au fil des siècles, reste une caractéristique essentielle de la société yéménite, influençant la gouvernance, les structures sociales et la dynamique des conflits.

Importance historique des alliances tribales

Le système tribal du Yémen est profondément ancré dans sa culture et sa gouvernance. Les coutumes traditionnelles dictent de nombreux aspects de la vie, notamment la résolution des conflits et la gestion des ressources. Au fur et à mesure que les troubles politiques s'aggravaient, ces alliances tribales sont devenues des acteurs cruciaux, s'alignant souvent sur différentes factions et exacerbant les divisions internes.

Au cours du **printemps arabe** et des conflits qui ont suivi, les confédérations tribales ont pris parti, ce qui a encore compliqué le paysage politique. Leur implication a transformé les conflits locaux en luttes plus larges, car les groupes tribaux ont tiré parti de leurs capacités militaires et de leurs revendications territoriales pour étendre leur influence.

Les milices et la fragmentation de l'autorité

La montée en puissance des milices a aggravé la dynamique déjà instable du Yémen. Nombre de ces groupes, mobilisés par des agendas régionaux ou idéologiques, ont encore fragmenté l'autorité de l'État et contribué à créer un paysage peuplé d'acteurs armés. La prolifération des milices complique les efforts visant à établir un gouvernement cohérent et centralisé et conduit souvent à des affrontements pour le contrôle du territoire et des ressources.

Par exemple, au cours de la guerre civile au Yémen, diverses milices ont vu le jour, comblant souvent le vide laissé par un État affaibli. Leur présence a perpétué l'insécurité, exacerbé les conflits locaux tout en entravant toute tentative sérieuse de construction de l'État.

Dynamique du pouvoir et gouvernance locale

Malgré leurs méthodes souvent violentes, les alliances tribales et les milices ont joué le rôle d'autorités de facto dans de nombreuses régions. Avec une faible surveillance gouvernementale, ces entités règlent fréquemment les conflits, assurent la sécurité et établissent l'ordre social sur leurs territoires. Cette décentralisation du pouvoir, bien qu'elle réponde à certains besoins sociétaux immédiats, pose en fin de compte des problèmes importants pour l'établissement d'un État unifié.

À bien des égards, ces acteurs locaux prospèrent dans des environnements où les structures étatiques échouent ou sont perçues comme illégitimes. Leur capacité à administrer la justice, à gérer les affaires locales et à contrôler les ressources montre la complexité de la crise de gouvernance au Yémen et la nécessité d'adopter des approches globales qui intègrent ces systèmes tribaux dans des cadres de gouvernance formels.

Aller de l'avant : La nécessité de l'inclusion

Pour relever les défis posés par les dynamiques tribales et les milices, le Yémen a besoin d'une approche à multiples facettes qui reconnaisse la résilience des institutions tribales traditionnelles. Pour être efficace, la résolution des conflits doit impliquer les chefs tribaux et intégrer leur droit coutumier dans des initiatives plus larges de consolidation de la paix. Les efforts de désarmement et de démobilisation des milices sont également essentiels pour atténuer les effets négatifs de ces acteurs non étatiques sur la stabilité et la sécurité du Yémen.

Impact des interventions étrangères et relations internationales

Le paysage politique du Yémen a été profondément façonné par les interventions étrangères et les relations internationales. En tant que nation riche en importance géopolitique et en ressources naturelles, le Yémen a toujours été pris au piège des rivalités des grandes puissances, depuis l'époque de la guerre froide jusqu'aux conflits contemporains.

Influences de la guerre froide

Pendant la **guerre froide**, le Yémen est devenu un champ de bataille pour les intérêts américains et soviétiques. La **République arabe** du Yémen (Yémen du Nord) était considérée comme un allié stratégique des États-Unis, tandis que la **République démocratique populaire du Yémen** (Yémen du Sud) était soutenue par l'Union soviétique. Ce soutien extérieur a exacerbé les conflits internes, car des idéologies et des factions rivales ont reçu le soutien de puissances étrangères, ce qui a considérablement déstabilisé la région.

Pouvoirs régionaux et divisions sectorielles

Dans le sillage de la guerre froide, l'engagement

étranger a évolué mais est resté influent. La montée en puissance des puissances régionales, en particulier de l'Arabie saoudite et de l'Iran, a considérablement compliqué la dynamique interne du Yémen. L'Arabie saoudite, qui considère l'expansion de l'influence iranienne via le mouvement Houthi comme une menace, est intervenue militairement au Yémen depuis **2015**, à la tête d'une coalition contre les forces Houthi. À l'inverse, l'Iran a apporté son soutien aux Houthis, considérant le Yémen comme un front crucial dans sa stratégie régionale.

Ce conflit par procuration a alimenté les divisions sectaires au sein du Yémen et a intensifié la violence, les deux parties jetant de l'huile sur le feu pour consolider leur influence. Cette ingérence extérieure a non seulement prolongé la guerre, mais a également rendu les solutions diplomatiques de plus en plus difficiles à trouver.

La réponse mondiale au terrorisme

Le terrorisme a également façonné les relations internationales du Yémen, en particulier après le 11 septembre. L'émergence d'**Al-Qaïda dans la péninsule arabique (AQAP)** a attiré l'attention des États-Unis et de leurs alliés, ce qui a donné lieu à des opérations antiterroristes et à des frappes de drones qui ont souvent fait des victimes civiles et renforcé le ressentiment local à l'égard des puissances étrangères.

Si les efforts internationaux ont visé à assurer la

sécurité par des moyens militaires, ils ont parfois négligé les problèmes socio-économiques sous-jacents qui alimentent l'extrémisme. Le manque de coordination des réponses internationales a également contribué à la fragmentation des structures gouvernementales du Yémen, ce qui a aggravé l'instabilité.

Interventions humanitaires

Le conflit en cours a inévitablement attiré l'attention des organisations humanitaires internationales, ce qui a donné lieu à d'importantes opérations de secours visant à atténuer les conditions désastreuses dans lesquelles vivent les civils yéménites. Toutefois, ces interventions se heurtent souvent à de nombreux obstacles, qu'il s'agisse de divisions politiques ou de problèmes logistiques liés à la violence persistante.

Si l'aide étrangère a apporté un certain soulagement, elle peut aussi créer une dépendance et exacerber les déséquilibres de pouvoir, en particulier lorsque l'aide est liée à des programmes politiques. Pour traiter ces aspects, la communauté internationale doit s'engager de manière nuancée, en reconnaissant l'interaction complexe entre les dynamiques locales et les besoins humanitaires primordiaux de la population yéménite.

Les facteurs socio-économiques et leur influence sur la politique

Les facteurs socio-économiques façonnent de manière significative le paysage politique du Yémen, agissant à la fois comme un moteur de conflit et comme une source de résilience. L'interaction entre les conditions économiques et la dynamique politique crée un réseau complexe de questions qu'il est nécessaire de comprendre pour relever efficacement les défis multiformes du Yémen.

Dépendances et vulnérabilités économiques

L'économie du Yémen dépend depuis longtemps de l'agriculture, en particulier de la culture du **qat, une** plante narcotique qui joue un rôle central dans la vie sociale et économique. Si le marché du qat génère une activité économique importante, il perpétue également la pauvreté et étouffe les efforts de développement. La culture et le commerce du qat nuisent souvent aux autres initiatives de développement agricole et de diversification économique, entraînant un cycle de dépendance.

Cette structure économique a engendré des vulnérabilités, notamment en raison de la **forte dépendance du** Yémen à l'égard des **importations** pour les produits de première nécessité tels que la nourriture et le carburant. Les fluctuations des prix mondiaux ou les perturbations des chaînes d'approvisionnement peuvent avoir des effets dévastateurs sur l'économie du Yémen, influencer le sentiment public et déclencher des troubles contre les autorités au pouvoir.

Chômage des jeunes et recrutement dans les conflits

Le chômage généralisé, en particulier chez les jeunes, est un facteur socio-économique crucial qui influence le paysage politique du Yémen. Ce groupe démographique, confronté à un manque d'opportunités, est très susceptible d'être recruté par des groupes armés et des milices. Le désespoir et la privation de droits auxquels sont confrontés les jeunes renforcent les cycles de violence, faisant du conflit une option attrayante pour beaucoup lorsque les voies légitimes du changement sont obstruées.

L'engagement des jeunes dans les luttes armées reflète une tendance plus large au Yémen, où les réalités socio-économiques poussent les individus à se radicaliser et à participer aux conflits plutôt qu'à rechercher des solutions pacifiques ou politiques à leurs griefs.

Disparités économiques régionales

Les disparités économiques historiques entre le nord et le sud du Yémen ont également alimenté le mécontentement et les sentiments séparatistes. Le nord du Yémen a souvent été perçu comme plus dominant économiquement, tandis que le sud a connu la marginalisation et le sous-développement. Ce développement inégal a suscité des appels à l'autonomie et à l'autodétermination, compliquant ainsi les efforts d'unité nationale.

Ces disparités régionales trouvent leur origine dans l'histoire coloniale et sont exacerbées par le conflit en cours, ce qui complique encore le paysage politique du Yémen et entrave l'établissement d'une identité nationale cohésive.

S'attaquer aux facteurs socio-économiques de la stabilité

Pour s'attaquer aux facteurs socio-économiques qui influencent la dynamique politique du Yémen, il faut adopter une approche globale qui s'attaque aux inégalités économiques, promeut le développement durable et favorise une gouvernance inclusive. Les mécanismes efficaces de résolution des conflits doivent intégrer ces réalités socio-économiques et chercher à créer des voies vers de meilleures opportunités économiques, en particulier pour les communautés marginalisées et privées de leurs droits.

Ignorer l'intersection critique de l'économie et de la politique risque de perpétuer les cycles d'instabilité et de compromettre les perspectives d'une paix durable. Pour progresser véritablement au Yémen, il faudra s'attaquer aux causes profondes du conflit et favoriser des systèmes inclusifs qui permettent à tous les citoyens, en particulier les jeunes, de s'engager dans des processus politiques constructifs.

En comprenant la dynamique complexe des guerres civiles, des influences tribales, des interventions étrangères et des défis socio-économiques, il est possible de développer une perspective plus nuancée sur les crises actuelles du Yémen. Cela permet de replacer dans son contexte l'impact de ces questions à multiples facettes sur la recherche de la paix et de la stabilité dans une nation profondément enracinée dans ses luttes historiques.

Références

1. **Al-Muhairi, Ameen.** *Yémen : A Historical and Cultural Overview.* Londres : Saqi Books, 2015.

2. **Al-Shami, Abdul Rahman.** *A l'intérieur du Yémen : The Politics of the Yemen Civil War.* Ox-

ford : Oxford University Press, 2020.

3. **Fawaz, Leila.** *Histoire du Yémen moderne.* Cambridge : Cambridge University Press, 2018.

4. **Graham, William.** *Le Yémen : L'Arabie inconnue.* Londres : Caxton Press, 1997.

5. **Ismail, Omer.** *Yémen : A Political History from the First World War to the Present.* Oxford : Oxford University Press, 2016.

6. **Long, David E.** *Les États-Unis et le Yémen : Une histoire des relations et des interactions.* New York : Palgrave Macmillan, 2018.

7. **Lynch, Marc.** *Le soulèvement arabe : Les révolutions inachevées du nouveau Moyen-Orient.* New York : PublicAffairs, 2012. (Contient un contexte sur la dynamique politique du Yémen pendant le printemps arabe).

8. **Salisbury, Peter.** *Le dialogue national au Yémen : Une opportunité pour la paix ?* Londres : Middle East Institute, 2014.

9. **Wells, John.** *Yémen : The Structure of a Failed State.* New York : Routledge, 2020.

10. **Yémen, Peter.** *L'économie politique de la crise socio-économique et politique du Yémen.* Londres : Arab Center for Research and Policy Studies, 2019.

3

Les racines et les convictions du mouvement Al-Houthi

Le mouvement Al-Houthi : Une exploration de ses racines chiites zaïdites

Le mouvement Al-Houthi , reconnu comme Ansar Al-lah, est profondément enraciné dans les vénérables traditions de la secte chiite zaïdite de l'islam. Cette secte a longtemps joué un rôle déterminant dans le tissage du tissu religieux et culturel complexe du Yémen, son importance historique se répercutant depuis des siècles dans les domaines sociétal, politique et spirituel de la région. Le zaïdisme, une ramification de l'islam chiite, remonte aux débuts de l'histoire islamique et s'est imposé comme une composante essentielle de l'identité yéménite.

Apparue comme un paradigme théologique distinct au milieu du schisme sunnite-chiite plus large qui a suivi la disparition du prophète Mahomet, la secte zaïdite tire son nom de Zaïd ibn Ali, une figure sacrée de l'islam chiite dont l'engagement en faveur de la justice et de la résistance à la tyrannie reste influent. Contrairement à d'autres branches telles que le chiisme Twelver, le zaïdisme se distingue par sa conception inclusive de l'imamat, qui postule que tout descendant d'Ali peut potentiellement accéder à cette position estimée, plutôt que de confiner le leadership à une lignée héréditaire spécifique.

Au cœur des doctrines zaïdites se trouve le concept même de l'imamat, qui consacre le leadership légitime des descendants de Mahomet, notamment par l'intermédiaire d'Ali, cousin et gendre du prophète. Ce principe sert non seulement de pierre angulaire théologique, mais agit également comme une force de cohésion, galvanisant la communauté dans sa quête de justice et de rectitude morale.

La tapisserie idéologique du mouvement Al-Houthi est inextricablement tissée avec les enseignements de l'islam chiite zaïdite. Hussein Badreddin al-Houthi, fondateur du mouvement et érudit zaïdite vénéré, a envisagé un réveil politique et social pour remédier à la marginalisation historique de la population zaïdite au Yémen. Ses aspirations étaient imprégnées des valeurs fondamentales du zaïdisme, notamment la justice sociale, la résistance à l'oppression et la sauve-garde du patrimoine zaïd.

La reconnaissance de l'autorité légitime des imams, descendants lignagers d'Ali, en tant que dirigeants légitimes de la communauté musulmane au sens large, fait partie intégrante de la croyance zaïdite. Cette croyance influence grandement l'éthique du mouve-ment Al-Houthi, qui définit souvent sa lutte en ter-mes de défense des droits des marginalisés et de défi aux forces d'oppression. Le récit du mouvement est imprégné d'un esprit résolu de résistance à l'injus-tice, enraciné dans les expériences historiques de la communauté zaïdite au Yémen. Il met l'accent sur un engagement inébranlable en faveur des principes de justice et d'équité.

L'accent mis par le mouvement Al-Houthi sur la jus-tice sociale est profondément synchronisé avec les principes égalitaires intrinsèques à l'islam chiite za-ïdite. Historiquement, le zaïdisme a défendu les droits des laissés-pour-compte, promouvant un traitement équitable au sein des structures sociétales, reflet des enseignements fondamentaux des premiers imams. Cet attachement à l'égalité sociale trouve un écho puissant au sein du mouvement Al-Houthi, qui s'ef-force de rectifier les disparités socio-économiques auxquelles est confrontée la population yéménite, en particulier celle qui est marginalisée et défavorisée.

La position anti-impérialiste véhémente du mouve-ment découle de la lutte constante du Yémen con-tre la domination et la culpabilité extérieures. Le za-ïdisme, tout comme le programme des Al-Houthis, est imprégné d'un héritage de défiance à l'égard de l'influence étrangère, s'appuyant sur un récit historique qui défend la souveraineté nationale. Cette éthique anti-impérialiste tenace fait du mouvement un fervent défenseur de l'autodétermination et un critique vigilant des interventions extérieures, en particulier celles orchestrées par les puissances occidentales.

Le riche héritage théologique et la profondeur historique de la tradition zaïdite constituent un paysage fertile dans lequel le mouvement Al-Houthi puise à la fois son inspiration et sa légitimité. L'estime pour les imams, considérés à la fois comme des sommités spirituelles et politiques, galvanise le sens du devoir du mouvement de préserver le bien-être de ses membres et de la société yéménite dans son ensemble. Cette synthèse de l'autorité religieuse et de la justice sociale permet au mouvement d'unir ses adhérents sous la bannière de la résistance contre les atteintes perçues à leurs croyances et à leur mode de vie.

La résilience du mouvement Al-Houthi face aux dissensions internes et aux pressions externes peut être attribuée aux valeurs durables inscrites dans la tradition zaïdite. Les tribulations historiques endurées par la communauté zaïdite, caractérisées par la ténacité dans l'adversité, continuent d'inspirer le mouvement alors qu'il traverse le paysage sociopolitique complexe du Yémen. L'amalgame de la conviction religieuse et de la poursuite incessante de la justice revigore les partisans du mouvement, favorisant un sentiment de cohésion et d'objectif qui transcende la simple ambition politique.

La profondeur de la conviction du mouvement Al-Houthi ne réside pas seulement dans son adhésion religieuse et doctrinale, mais aussi dans son approche de la gouvernance et de l'organisation sociétale. Sa vision d'une société juste et équitable s'inspire largement des principes énoncés par les érudits zaïdites et des précédents historiques de la gouvernance zaïdite au Yémen, caractérisée par un engagement en faveur de processus décisionnels inclusifs et d'une allocation équitable des ressources. Cette approche globale reflète l'impact durable des principes zaïdites sur les aspirations du mouvement, le positionnant comme un catalyseur potentiel de la transformation sociopolitique enracinée dans les croyances et l'héritage indigènes.

En résumé, les fondements idéologiques du mouvement Al-Houthi sont ancrés dans le contexte historique et religieux de l'islam chiite zaïdite. Son engagement à plusieurs niveaux en faveur de la tradition, de la justice sociale et de la sauvegarde de la souveraineté du Yémen fait partie intégrante de la trajectoire du mouvement et de l'influence qu'il exerce sur la société et la dynamique politique yéménites.

Références

1. **Al-Ghabar, Yasser.** *Les Houthis : Une histoire politique du mouvement au Yémen.* Londres :

I.B. Tauris, 2017.

2. **Halm, Hans.** *L'islam chiite* : A *Global History*. Oxford : Oxford University Press, 2018. (Comprend une discussion sur le chiisme zaïdi et sa relation avec le mouvement houthi).

3. **Le Hezbollah et les Houthis : Convergences et divergences.** Édité par Paul Salem et Sima G. Hamed. Washington, DC : Middle East Institute, 2017.

4. **Jiang, Xiao.** *Le mouvement Houthi au Yémen : Son histoire, son idéologie et son impact sur la politique.* New York : Springer, 2021.

5. **Kapteijns, Louise.** *Le Yémen et la politique du patrimoine culturel : The Voices of the People.* Cambridge : Cambridge University Press, 2019. (Comprend des discussions sur la culture et l'histoire des Zaidi dans le contexte du mouvement Houthi).

6. **Malik, Sarah.** *Le mouvement Houthi : Origines, idéologie et politique au Yémen.* Londres : C. Hurst & Co, 2018.

7. **Naylor, Christopher.** *Le chiisme zaïdite : A New Perspective on the Houthi Movement.* Londres : Institute for the Study of War, 2020.

8. **Thomas, Amy.** *Le mouvement Houthi : Une vue d'ensemble de l'insurrection chiite au Yé-*

men. Londres : M.E. Sharpe, 2016.

9. **Voll, John O.** *Islamic Culture in the Middle East* : *Le cas des Houthis.* Oxford : Alan S. Korman Press, 2017.

10. **Woods, Michael.** *Le renouveau zaïdi et le mouvement houthi : Contextes historiques et religieux.* New York : Bloomsbury Academic, 2019.

4

La minorité chiite zaïdite au Yémen

Lutte pour la reconnaissance

Aperçu historique de la communauté chiite zaïdite

La communauté chiite zaïdite du Yémen trouve ses origines dans les premières années de l'islam et constitue une branche importante de l'islam chiite. La nomenclature "Zaidi" provient de Zayd ibn Ali, le petit-fils de Husayn ibn Ali, une figure estimée comme imam dans la tradition zaïdite. La genèse du zaïdisme en tant qu'identité religieuse distincte s'est déroulée dans le contexte du schisme plus large de l'islam qui s'est produit après la mort du prophète Mahomet, les chiites zaïdites adhérant à une ligne de succession alternative pour la direction de la communauté musulmane.

La trajectoire historique de la communauté chiite zaïdite est étroitement liée aux paysages politiques et sociaux du Yémen. Le zaïdisme a trouvé un terrain fertile pour sa maturation dans les hauts plateaux du nord, où la communauté a prospéré au fil des siècles. Les imams zaïdites ont établi leur domination sur plusieurs districts yéménites, élaborant un modèle de gouvernance unique qui fusionnait l'autorité religieuse et le pouvoir temporel. Cette forme innovante d'imamat a joué un rôle indispensable dans l'élaboration du récit historique et de l'identité collective du Yémen.

Les imams zaïdites n'étaient pas seulement considérés comme des chefs spirituels ; ils sont devenus des emblèmes de la résistance aux interventions étrangères et aux dominations extérieures. Leur leadership a favorisé la stabilité et la cohésion au sein de la population zaïdite, engendrant ainsi un sens commun de l'objectif à atteindre. Néanmoins, l'imamat zaïdite a été confronté à des conflits internes et à des épisodes de fragmentation, ce qui a entraîné une fluctuation de la dynamique du pouvoir et de l'influence régionale.

Les interactions entre les zaïdites et les autres communautés religieuses, en particulier les musulmans sunnites, ont joué un rôle essentiel dans la définition de la trajectoire historique de la communauté chiite zaïdite. Bien que les zaïdites aient généralement conservé leurs cadres théologiques et juridiques distincts, ils se sont simultanément engagés dans des dialogues et des échanges complexes avec d'autres sectes islamiques. Ces interactions ont laissé une marque indélébile sur l'évolution de la doctrine zaïdite, lui permettant de s'adapter à des réalités sociales et politiques changeantes.

En résumé, l'aperçu historique de la communauté chiite zaïdite illustre son importance durable dans le tissu religieux et social du Yémen. La progression du zaïdisme se caractérise par une riche tapisserie d'événements historiques, d'évolutions théologiques et d'expressions culturelles, qui renforcent collectivement la diversité et le dynamisme de la société yéménite.

Croyances et pratiques religieuses : Caractéristiques distinctives du zaïdisme

Le zaïdisme, en tant que branche de l'islam chiite, englobe des principes théologiques et jurisprudentiels uniques qui façonnent de manière significative l'identité religieuse de la communauté chiite zaïdite du Yémen. Au cœur de la doctrine zaïdite se trouve la croyance en la succession légitime de l'imamat par la lignée directe de la famille du prophète Mahomet. Cela contraste fortement avec la croyance des chiites twelver en un imam caché qui réapparaîtra sous le nom de Mahdi. Les Zaidis mettent l'accent sur le principe de "l'imamat par le mérite", préconisant que l'individu le plus savant et le plus juste de la lignée du prophète soit nommé imam, plutôt que d'être désigné uniquement par la volonté divine.

La jurisprudence zaïdite se caractérise notamment par le concept d'**ijtihad**, qui permet une interprétation souple de la loi islamique fondée sur le raisonnement rationnel et l'adéquation au contexte, plutôt que sur l'adhésion rigide aux sources traditionnelles. Cette approche pragmatique a permis aux érudits zaïdites d'adapter les principes juridiques islamiques aux coutumes locales et aux besoins de la société, tout en préservant l'essence spirituelle de leur foi.

La tradition zaïdite est riche en rituels et pratiques spécifiques, notamment les prières en congrégation, les sermons du vendredi dirigés par des imams et les commémorations d'événements historiques importants. En particulier, la célébration de l'**Achoura**, qui commémore le martyre de l'imam Husayn, revêt une signification profonde au sein de la communauté zaïdite, car elle symbolise la résilience et la quête inébranlable de justice dans l'adversité.

La vision du monde zaïdite met en exergue les principes de justice, d'égalité et de bien-être social, témoignant d'un engagement en faveur de l'harmonie sociétale et d'une gouvernance éthique. Cette éthique influence profondément la vie quotidienne des adeptes zaïdites, façonnant leurs interactions avec les autres membres de la communauté ainsi qu'avec la société dans son ensemble. La tradition zaïdite accorde une grande importance à l'érudition et à la recherche intellectuelle, ce qui a conduit à la création d'importants centres d'apprentissage et à l'élaboration d'un important corpus de littérature théologique et philosophique.

Dans le paysage contemporain du Yémen, la conservation des traditions religieuses zaïdites se mêle à une lutte plus large pour la reconnaissance culturelle et une représentation équitable dans la sphère politique. Il est essentiel de comprendre les caractéristiques du zaïdisme pour saisir les aspirations et les défis auxquels est confrontée la minorité chiite zaïdite, car cela permet de mieux comprendre la tapisserie complexe de l'environnement religieux et social du Yémen.

Conditions sociales et économiques des chiites zaïdites

Les conditions sociales et économiques de la communauté chiite zaïdite au Yémen reflètent une interaction complexe d'héritages historiques, de défis socio-économiques et de dynamiques politiques. Géographiquement, les chiites zaïdites sont principalement concentrés dans les régions montagneuses du nord du Yémen, où ils ont historiquement adopté un mode de vie agraire, se consacrant principalement à l'agriculture et à l'élevage. Cependant, le terrain accidenté a souvent entravé le développement des infrastructures et la diversification économique, perpétuant un isolement relatif par rapport aux activités économiques principales. Paradoxalement, cet isolement géographique a favorisé un fort sentiment d'identité communautaire et de solidarité au sein de la population zaïdite.

Sur le plan économique, les chiites zaïdites sont confrontés à une pauvreté chronique et à un manque d'accès aux ressources et aux opportunités par rapport à leurs homologues urbains. L'insuffisance des investissements dans l'éducation, les soins de santé et les infrastructures de base dans les territoires dominés par les zaïdites a exacerbé les disparités socio-économiques, perpétuant les cycles de pauvreté et de sous-développement. Le conflit prolongé au Yémen a intensifié les difficultés économiques endurées par les chiites zaïdites, entraînant des déplacements massifs, la perte des moyens de subsistance et la perturbation des services essentiels.

Sur le plan social, la communauté chiite zaïdite a traditionnellement maintenu des pratiques culturelles et des normes sociétales uniques qui façonnent les relations interpersonnelles et les structures communautaires. L'importance des affiliations tribales et des codes coutumiers a joué un rôle central dans la gestion des interactions sociales et la résolution des conflits au sein des communautés zaïdites. Mais bien que les rôles traditionnels des hommes et des femmes et les structures familiales continuent de jouer un rôle crucial dans la dynamique sociale, des changements progressifs se produisent, influencés par des changements plus larges au sein de la société yéménite.

Malgré ces défis, la communauté chiite zaïdite a fait preuve d'une résilience et d'une adaptabilité remarquables pour naviguer dans un paysage socio-économique en constante évolution. Des initiatives en faveur de l'éducation, de la formation professionnelle et du développement durable ont vu le jour au sein des communautés zaïdites, reflétant leurs aspirations à l'amélioration de soi et à l'autonomisation. Le riche patrimoine culturel et l'héritage intellectuel du zaïdisme ont permis de préserver les systèmes de connaissances traditionnels et les expressions artistiques, sources de fierté et de solidarité communautaire.

Alors que la communauté chiite zaïdite continue d'être confrontée à la complexité de ses conditions socio-économiques, il est urgent de s'attaquer aux inégalités systémiques, de favoriser l'égalité des chances et de promouvoir un développement inclusif. Reconnaître l'action et le potentiel des chiites zaïdites pour contribuer positivement au paysage socio-économique plus large du Yémen est essentiel pour parvenir à des avancées globales et durables qui profitent à tous les segments de la société.

Marginalisation politique : Un héritage d'exclusion

La marginalisation politique de la minorité chiite zaïdite au Yémen s'inscrit dans une trame historique d'exclusion qui a perpétué les disparités sociales, économiques et institutionnelles dans l'ensemble du pays. Dans le contexte politique complexe du Yémen, les chiites zaïdites ont toujours été écartés des postes d'autorité et d'influence, ce qui les a relégués à des rôles périphériques au sein de l'appareil d'État. Cette privation systémique de droits a des conséquences considérables sur la représentation et l'engagement des chiites zaïdites dans la gouvernance, la formulation des politiques et l'administration publique. La marginalisation de cette communauté compromet non seulement son accès aux voies politiques officielles, mais limite également sa capacité à défendre ses droits et ses intérêts dans l'arène politique.

La dynamique historique du pouvoir au Yémen a traditionnellement favorisé la majorité sunnite, engendrant un déséquilibre structurel qui marginalise continuellement les chiites zaïdites. Cette disparité engendre une allocation différentielle des ressources et des opportunités, ce qui renforce encore l'exclusion de la minorité chiite zaïdite du domaine politique. Cet héritage d'exclusion est aggravé par les tensions et les conflits sectaires historiques, qui ont intensifié les divisions et entravé l'engagement politique significatif de la communauté chiite zaïdite.

L'héritage persistant de la marginalisation politique engendre un profond sentiment d'aliénation et de privation de droits chez les chiites zaïdites, ce qui sape leur confiance dans le système politique et dans la capacité du gouvernement à répondre à leurs revendications. La nature durable de cette marginalisation souligne clairement le besoin urgent de réformes globales visant à cultiver l'inclusion, l'équité et la représentation de tous les segments de la société yéménite. Pour s'attaquer à l'héritage historique de l'exclusion, il faut adopter une approche à multiples facettes axée sur la rectification des injustices, l'autonomisation des communautés marginalisées et la mise en place d'un environnement politique plus inclusif et participatif.

Les efforts visant à démanteler cet héritage doivent donner la priorité à l'inclusion significative des chiites zaïdites dans les processus de prise de décision, l'allocation des ressources et l'élaboration de politiques qui répondent à leurs besoins et préoccupations spécifiques. En fin de compte, reconnaître et rectifier les injustices historiques de la marginalisation politique est essentiel pour construire un paysage politique plus cohérent et plus équitable au Yémen - un paysage qui embrasse la diversité de sa population et garantit la pleine participation de toutes les communautés à l'élaboration de l'avenir de la nation.

Contributions culturelles et patrimoine intellectuel

La communauté chiite zaïdite s'enorgueillit d'une histoire culturelle riche en contributions diverses au patrimoine intellectuel de la région. L'héritage historique du zaïdisme est intimement lié au tissu social du Yémen, influençant profondément les expressions culturelles et artistiques dans l'ensemble du pays. De l'excellence poétique à l'éclat architectural, les chiites zaïdites ont considérablement façonné le paysage culturel du Yémen.

La contribution culturelle des chiites zaïdites se caractérise par l'importance qu'ils accordent à l'éducation et à l'érudition. Historiquement, les érudits zaïdites ont fait des progrès remarquables dans des domaines tels que la jurisprudence islamique, la théologie et la littérature. La création d'éminents centres d'apprentissage, comme l'illustre séminaire al-Houthis à Saada, témoigne de la tradition intellectuelle défendue par la communauté chiite zaïdite. Ces institutions ont fonctionné comme des épicentres d'échanges intellectuels, essentiels à la préservation et au développement de l'identité culturelle zaïdite.

La culture chiite zaïdite s'enrichit d'une vibrante tradition d'expression artistique, qui englobe la poésie, la musique et la calligraphie. La poésie, en particulier, occupe une place précieuse dans le patrimoine culturel zaïdite et a donné naissance à de nombreux poètes respectés au sein de la communauté. La tradition poétique du zaïdisme incarne non seulement les valeurs spirituelles et éthiques de la communauté, mais elle sert aussi à documenter les événements historiques et à exprimer les aspirations de la société. De même, la musique et la calligraphie zaïdites s'épanouissent en tant que formes vitales d'expression créative, reflétant les sensibilités esthétiques uniques de la communauté.

Au-delà de ces activités artistiques et savantes, l'héritage architectural de la communauté chiite zaïdite est évident dans les styles distinctifs qui imprègnent le Yémen. La construction d'imposants édifices en brique crue, de mosquées ornées et de formidables fortifications témoigne de l'ingéniosité architecturale de la communauté chiite zaïdite. Ces structures sont à la fois des manifestations physiques et des symboles durables de l'attachement de la communauté à ses traditions culturelles et à ses pratiques religieuses.

La préservation des contributions culturelles et du patrimoine intellectuel des Zaïdites est d'une importance capitale pour maintenir l'identité distincte de la communauté au milieu de la myriade de défis auxquels elle est confrontée. Alors que la minorité chiite zaïdite est aux prises avec des complexités sociopolitiques, la résilience de son héritage culturel et intellectuel constitue une source de force et de continuité. La reconnaissance de la riche tapisserie des expressions culturelles zaïdites non seulement enrichit le milieu culturel du Yémen, mais favorise également une compréhension plus profonde de l'interconnexion intrinsèque entre les diverses communautés du pays.

Interactions avec les majorités sunnites : Coopération et conflit

Les interactions entre la minorité chiite zaïdite et les majorités sunnites au Yémen présentent un amalgame multiforme de coopération et de conflit, façonné par des facteurs historiques, religieux et géopolitiques. Historiquement, les Zaïdites, qui ont exercé une influence considérable dans le nord du Yémen, ont coexisté avec les communautés sunnites pendant des siècles, se livrant souvent à des échanges diplomatiques, commerciaux et culturels. À différentes époques, les souverains zaïdites et les dirigeants sunnites ont forgé des alliances pour maintenir la stabilité et contrer les menaces extérieures, créant ainsi une dynamique de coopération qui a sous-tendu des périodes de paix et de prospérité relatives.

Néanmoins, cette collaboration n'a pas été sans poser de problèmes. Les tensions et les luttes de pouvoir entre les communautés zaïdites et sunnites ont parfois débouché sur des conflits ouverts, motivés par des affirmations concurrentes de l'autorité politique et des interprétations religieuses divergentes. La rivalité historique entre les imams zaïdites et les califes sunnites jette une longue ombre, laissant en héritage des animosités bien ancrées qui façonnent la dynamique intercommunautaire dans le Yémen d'aujourd'hui. Alors que le paysage politique du Yémen est de plus en plus polarisé, des acteurs extérieurs ont exploité les lignes de faille sectaires pour faire avancer leurs programmes, exacerbant les divisions et bloquant les efforts de réconciliation.

Ces dernières années, le conflit entre les chiites zaïdites et les groupes sunnites a été exacerbé par les luttes de pouvoir plus larges qui érodent la stabilité du Yémen, aboutissant à des affrontements violents qui déstabilisent le tissu social même de la nation. La guerre en cours et les crises humanitaires compliquent encore les relations intercommunautaires, perpétuant des cycles de méfiance et d'animosité. Par conséquent, les initiatives visant à combler les fossés et à favoriser la compréhension entre la minorité chiite zaïdite et la majorité sunnite sont vitales pour la stabilité et la prospérité à long terme du Yémen. Les efforts visant à promouvoir le dialogue, l'inclusion et le respect de la diversité religieuse peuvent atténuer les tensions et jeter les bases d'une société plus cohésive. La reconnaissance de l'histoire et de l'héritage culturel communs aux traditions zaïdites et sunnites est essentielle pour cultiver un climat de tolérance et de coopération.

En fin de compte, la résolution des conflits intercommunautaires nécessite de comprendre et de traiter les causes profondes de la division, ouvrant ainsi la voie à une société yéménite plus harmonieuse et plus intégrée.

Personnages clés et dirigeants du chiisme zaïdite

Le chiisme zaïdite, qui se distingue par la richesse de son histoire et son caractère théologique unique, a été profondément façonné par de nombreuses personnalités et dirigeants influents qui ont joué un rôle essentiel dans la culture et la préservation de cette branche distincte de l'islam chiite au Yémen. L 'imam al-Hadi ila'l-Haqq Yahya est l'une des personnalités les plus estimées dans les annales de l'histoire chiite zaïdite. Son attachement à la justice et aux principes religieux a fait de lui un phare pour les chiites zaïdites, les inspirant et les guidant continuellement grâce à ses enseignements et à son héritage.

L'imam al-Mutawakkil al-Mutahhar, sous le règne duquel la communauté zaïdite a prospéré sur le plan intellectuel et culturel, est une autre personnalité historique notable. Son patronage des érudits et sa promotion fervente de l'apprentissage ont catalysé une renaissance de la pensée au sein du chiisme zaïdite. L'imam al-Mansur Abdullah a joué un rôle essentiel dans l'établissement des cadres juridiques et de gouvernance qui définissent le chiisme zaïdite, laissant une marque indélébile sur ses traditions jurisprudentielles uniques.

À l'heure actuelle, des personnalités telles que Sayyid Abdul-Malik al-Houthi sont devenues d'importants défenseurs des droits et de la reconnaissance des chiites zaïdites. À la tête du mouvement houthi, il s'est efforcé de lutter contre la marginalisation des chiites zaïdites tout en sauvegardant leur patrimoine religieux et culturel. Outre ces figures historiques et contemporaines majeures, une multitude d'érudits, de juristes et de dirigeants communautaires ont apporté des contributions substantielles aux dimensions intellectuelles, spirituelles et sociales du chiisme zaïdite. Leurs efforts collectifs ont permis de préserver les valeurs et les traditions de la minorité chiite zaïdite au Yémen et au-delà. En nous penchant sur la vie et la contribution de ces personnalités et dirigeants influents, nous pouvons nous faire une idée précise de l'impact durable du chiisme zaïdite sur la société yéménite et le monde islamique en général.

Mouvements pour la reconnaissance : Premiers efforts et activités

Les mouvements en faveur de la reconnaissance des chiites zaïdites dans le paysage politique complexe du Yémen se sont développés à travers une riche tapisserie d'efforts et d'activités précoces. Dès la création du **royaume mutawakkilite du Yémen** au début du XXe siècle, d'éminents érudits et dirigeants zaïdites ont revendiqué avec diligence l'identité distincte et les droits de leur communauté dans le cadre national. L'**imam Yahya**, qui a activement cherché à consolider l'influence et la gouvernance zaïdites sous son règne, a été l'une des figures de proue dans ce domaine.

Cependant, la quête de reconnaissance des Zaïdites a pris une tournure tumultueuse dans la seconde moitié du 20e siècle avec l'avènement du régime républicain et la marginalisation systématique des structures de pouvoir traditionnelles. Cette époque s'est caractérisée par la suppression des expressions religieuses et culturelles zaïdites, ce qui a encore exacerbé la lutte de la communauté pour sa reconnaissance. Au milieu de ces défis, des poches de résistance sont apparues, se manifestant sous la forme de divers groupes de défense des Zaidi et de mouvements de la société civile. Ces premières initiatives locales visaient à promouvoir l'héritage zaïdi, à défendre les intérêts de la communauté et à lutter contre la discrimination institutionnelle à laquelle sont confrontés les chiites zaïdites.

L'interaction litigieuse entre les autorités de l'État et les activistes zaïds a mis en évidence la complexité persistante de l'effort de reconnaissance. Les dynamiques régionales ont ajouté une couche de complexité à ces activités, les acteurs extérieurs cherchant à exploiter les sentiments des Zaïdites à des fins géopolitiques. Qu'il s'agisse de forger des alliances avec des milices tribales ou d'établir des réseaux transnationaux, les mouvements zaïdistes ont traversé un labyrinthe d'obstacles tout en s'efforçant de gagner en visibilité et en autonomie.

L'influence des relations régionales sur les mouvements de reconnaissance ne peut être négligée. L'imbrication de la géopolitique de la péninsule arabique et du Moyen-Orient au sens large a à la fois soutenu et entravé la quête de reconnaissance des chiites zaïdites. En fin de compte, la lutte durable pour la reconnaissance des chiites zaïdites constitue un chapitre indélébile du récit historique du Yémen, reflétant la résilience et la détermination d'une communauté aux prises avec les complexités de l'identité et de l'appartenance.

Impact de la dynamique régionale sur les luttes chiites zaïdites

Les défis auxquels est confrontée la minorité chiite zaïdite au Yémen ont été profondément façonnés par les dynamiques régionales complexes qui ont historiquement façonné le paysage du Moyen-Orient au sens large. Les rivalités géopolitiques et les luttes de pouvoir au sein de la région ont des répercussions importantes sur la reconnaissance et l'intégration de la communauté zaïdite au Yémen et au-delà.

Un aspect essentiel de cette dynamique régionale est la rivalité entre l'**Arabie saoudite et l'Iran**, qui se manifeste souvent par des conflits par procuration dans toute la région. Historiquement, les chiites zaïdites du Yémen ont été associés à l'Iran en raison de leur appartenance religieuse et du soutien apporté par le **Corps des gardiens de la révolution islamique** d'Iran. Ce lien a intensifié les dimensions sectaires des conflits au Yémen, amenant l'Arabie saoudite, qui se positionne comme le gardien de l'islam sunnite, à considérer les zaïdites comme une menace potentielle.

Le conflit en cours au Yémen a attiré des puissances régionales telles que les **Émirats arabes unis** et le **Qatar**, chacune soutenant des factions disparates au sein du paysage politique fragmenté du Yémen. Ces interventions extérieures ont exacerbé les divisions internes et compliqué les efforts visant à répondre aux griefs légitimes de la minorité chiite zaïdite.

Une autre dimension cruciale influençant les luttes des chiites zaïdites est le clivage général entre sunnites et chiites qui a imprégné la politique du Moyen-Orient. Le schisme historique entre l'islam sunnite et l'islam chiite croise fréquemment les intérêts géopolitiques, ce qui entraîne la marginalisation et la stigmatisation des communautés chiites dans les pays majoritairement sunnites. Par conséquent, les Zaidis du Yémen sont confrontés à des défis qui ne découlent pas uniquement de la dynamique du pouvoir local, mais aussi de lignes de faille régionales plus larges.

Les ramifications des luttes chiites zaïdites s'étendent au-delà des frontières du Yémen, affectant les alliances régionales, les accords de sécurité et les contestations idéologiques. L'engagement des puissances régionales auprès de la minorité zaïdite ne façonne pas seulement les dynamiques internes au Yémen, mais contribue également aux tensions géopolitiques plus larges qui caractérisent le Moyen-Orient.

Il est essentiel de reconnaître l'influence profonde des dynamiques régionales sur les luttes des chiites zaïdites pour comprendre les complexités du conflit yéménite et répondre aux griefs de longue date de cette communauté. Pour être efficaces, les stratégies de promotion de l'intégration et de la reconnaissance doivent naviguer habilement dans le réseau complexe des intérêts régionaux et des luttes de pouvoir qui continuent de façonner le destin des chiites zaïdites au Yémen et dans le Moyen-Orient élargi.

La voie à suivre : Stratégies d'intégration et de reconnaissance

Le parcours de la minorité chiite zaïdite du Yémen vers une intégration et une reconnaissance accrues nécessite une approche globale qui englobe les dimensions historiques, religieuses, sociales et politiques. Nous présentons ici plusieurs stratégies essentielles susceptibles de faciliter l'intégration et la reconnaissance de la communauté chiite zaïdite dans la société yéménite et dans le paysage politique en général.

Avant tout, il est impératif de s'attaquer aux causes profondes de la marginalisation et de la discrimination dont sont victimes les chiites zaïdites. Pour ce faire, il faut favoriser un dialogue ouvert et la réconciliation entre la communauté zaïdite et les autres factions religieuses et politiques du Yémen. La mise en place de plates-formes de discussion et de médiation constructives permet de cultiver la confiance et la compréhension entre les différents groupes, jetant ainsi les bases solides de l'intégration.

Un autre aspect essentiel concerne l'autonomisation socio-économique de la communauté chiite zaïdite. Les initiatives visant à améliorer l'accès à l'éducation, aux soins de santé et aux opportunités économiques peuvent élever le niveau de vie des chiites zaïdites et atténuer les disparités qui ont longtemps alimenté leur marginalisation. Encourager l'esprit d'entreprise et la formation professionnelle en fonction des besoins spécifiques des communautés zaïdites peut contribuer de manière significative à leur développement économique et à leur intégration dans l'économie au sens large.

Il est essentiel d'amplifier les contributions culturelles et intellectuelles des chiites zaïdites pour favoriser l'appréciation et la reconnaissance de leur patrimoine. Documenter et promouvoir les riches traditions littéraires, artistiques et culturelles de la communauté zaïdite peut enrichir le récit national. Cette entreprise permet non seulement de préserver l'identité unique de la communauté chiite zaïdite, mais aussi de promouvoir la reconnaissance et le respect de la société dans son ensemble.

Sur le plan politique, il est primordial de plaider en faveur d'une plus grande représentation des chiites zaïdites au sein des institutions de l'État et des organes de décision. Il s'agit de veiller à ce que les voix des zaïdites soient entendues et à ce que leurs préoccupations soient intégrées dans les processus de gouvernance et d'élaboration des politiques. La participation des dirigeants et des intellectuels zaïdites aux dialogues nationaux et aux initiatives de consolidation de la paix peut renforcer leur statut d'acteurs clés dans l'élaboration de l'avenir du Yémen.

Il est essentiel d'obtenir un soutien régional et international pour la reconnaissance et l'intégration de la minorité chiite zaïdite. Un engagement diplomatique axé sur l'importance de l'inclusion et de la diversité au sein de la société yéménite peut créer une dynamique de changement. L'aide au développement et la coopération internationales peuvent également soutenir des initiatives de développement socio-économique durable qui profitent aux communautés zaïdites et favorisent leur participation active aux affaires nationales.

En résumé, la voie à suivre pour la minorité chiite zaïdite au Yémen nécessite une approche holistique et collaborative qui s'attaque aux injustices historiques, aux disparités socio-économiques, à la reconnaissance culturelle et à la représentation politique. En poursuivant ces stratégies à multiples facettes, nous pouvons cultiver une plus grande cohésion et unité au sein du Yémen tout en défendant les droits fondamentaux et les identités de toutes ses diverses communautés.

Références

1. **Al-Samadi, Mohamed.** *The Rise of the Zaidis : Tracing the Politics of Yemen's Shiite Identity* (*L'ascension des Zaidis : la politique de l'identité chiite au Yémen*). Londres : Saqi Books, 2018.

2. **Al-Kharrubi, Abdulaziz.** *Le zaïdisme au Yémen : Les racines historiques et les luttes contempo-*

raines. Le Caire : American University in Cairo Press, 2020.

3. **Faiq, Rania.** *Zaidi Shi'ism : Religion, politique et culture au Yémen.* Londres : Routledge, 2019.

4. **Graham, William.** *Le Yémen : L'Arabie inconnue.* Londres : Caxton Press, 1997. (Comprend des sections sur la communauté chiite zaïdite et son contexte historique).

5. **Le Hezbollah et les Houthis : Convergences et divergences.** Édité par Paul Salem et Sima G. Hamed. Washington, DC : Middle East Institute, 2017. (Examine les dynamiques politiques affectant la communauté zaïdite).

6. **Kapteijns, Louise.** *Le Yémen et la politique du patrimoine culturel : The Voices of the People.* Cambridge : Cambridge University Press, 2019. (Explore comment les facteurs culturels contribuent à la reconnaissance des groupes minoritaires au Yémen, y compris les Zaidis).

7. **Montgomery, David.** *Les Zaidis du Yémen : Une étude historique et sociale.* New York : Palgrave Macmillan, 2016.

8. **St. John, Richard.** *Yémen : La guerre inconnue.* Londres : Granta Books, 2016. (Aborde les complexités de l'identité zaïdite dans le paysage politique plus large du Yémen).

9. **Yadav, Ankit.** *Identité chiite au Yémen* : Politics and the Zaidi Minority. New York : Columbia University Press, 2021.

10. **Zarif, Alia.** *Sectarisme et politique au Yémen* : The Dilemma of the Zaidi Shi'ites. Londres : Hurst & Company, 2015.

5

Les soulèvements et la prise de Sana'a

Prélude au soulèvement

Ce chapitre se penche sur le paysage sociopolitique complexe qui a fourni un terrain fertile au soulèvement au Yémen. Il analyse méticuleusement les catalyseurs et les premières manifestations de mécontentement qui couvaient sous la surface, démêlant les couches de dissension qui ont conduit au bouleversement final. Les événements et incidents clés sont passés au crible, chacun d'entre eux servant de déclencheur qui a propulsé la société vers un point de basculement. Le chapitre met en lumière les principaux acteurs de ce drame en cours et leurs rôles essentiels dans la formation des alliances, offrant un aperçu du réseau complexe de loyautés et de rivalités qui ont alimenté la tourmente. Il fournit un examen complet de la préparation et des stratégies des Houthis, mettant en lumière la planification méticuleuse et les manœuvres calculées qui ont jeté les bases de leur ascension. Le récit présente un compte rendu détaillé de la séquence des événements survenus lors de la chute de Sanaa, retraçant les jours tumultueux qui ont irrévocablement changé le destin de la ville. Il décrit les méthodes employées par les Houthis pour consolider leur contrôle, en mettant l'accent sur l'acuité stratégique et les tactiques astucieuses qui sous-tendent leur consolidation du pouvoir.

Le chapitre explore également la tapisserie complexe des réactions du gouvernement yéménite et de la communauté internationale, offrant une évaluation nuancée de leurs positions et de leurs réponses face à la crise en cours. Tout aussi important est l'examen de l'impact déchirant de l'occupation sur la population civile, qui rend compte des dimensions humaines du conflit et de ses profondes répercussions sur la vie quotidienne. L'influence de la couverture médiatique sur la perception du public est disséquée, révélant le rôle central des récits et de la diffusion de l'information dans la formation de la conscience collective.

Enfin, nous concluons par une évaluation complète des effets à long terme et des implications plus larges du soulèvement, donnant aux lecteurs un aperçu des répercussions durables qui continuent à façonner la trajectoire du Yémen.

Le tumulte politique : Catalyseurs et premiers soubresauts

Avant le soulèvement et la prise de Sanaa, le Yémen a connu une période d'intenses bouleversements politiques, marqués par une tapisserie de dynamiques complexes et d'intérêts divergents. Les catalyseurs de ces turbulences étaient profondément enracinés dans des griefs de longue date concernant la gouvernance, la corruption endémique et les disparités socio-économiques. Le mécontentement généralisé à l'égard des politiques du régime en place, associé à son manque de réactivité face aux besoins pressants de la population, a alimenté le mécontentement et a servi de signe avant-coureur de la dissidence.

Alors que les différentes factions se disputaient l'influence, des tensions sous-jacentes couvaient, attendant de s'enflammer en un conflit ouvert. Une série de manifestations, d'affrontements entre groupes rivaux et une escalade de la rhétorique ont préparé le terrain pour le déroulement dramatique du soulèvement. Cette phase a également vu l'émergence d'alliances et de coalitions d'opposition, les acteurs politiques - une myriade de groupes mécontents - cherchant à consolider leur soutien et à tirer parti de leurs ressources en prévision d'une lutte de pouvoir imminente.

Le tumulte politique ne s'est pas limité à Sanaa ; il s'est répercuté sur l'ensemble du pays, reflétant une quête d'autorité et de légitimité à l'échelle nationale. Les dynamiques régionales et tribales ont encore compliqué le tableau, avec des intérêts divers qui se croisaient et s'affrontaient, façonnant finalement les contours de l'épreuve de force imminente. L'interaction des facteurs locaux, nationaux et internationaux a ajouté des couches de complexité à l'évolution de la crise, soulignant que la dynamique interne du Yémen était inextricablement liée à des considérations géopolitiques plus larges.

Dans ce contexte, des mouvements populaires, des organisations de la société civile et des voix indépendantes se sont affirmés, contribuant à l'effervescence de la dissidence et de l'activisme qui allait définir cette époque charnière de l'histoire du Yémen. Les premiers soubresauts de la rébellion n'étaient pas simplement motivés par des considérations politiques ; ils étaient imprégnés d'aspirations à la transformation de la société et à la justice.

La mobilisation sociale, en particulier parmi les segments marginalisés de la population, a révélé une profonde aspiration à la réforme et un désir fervent de reconfigurer le statu quo. Les appels à la transparence, à la responsabilité et à une gouvernance inclusive ont trouvé un large écho, transcendant les divisions traditionnelles et unissant un large éventail de parties prenantes. Cette phase a mis à nu les profondes fissures de la société yéménite, éclairant les complexités de son paysage sociopolitique et préparant le terrain pour les changements sismiques qui allaient bientôt suivre.

Alors que les tensions s'intensifiaient et que l'atmosphère devenait de plus en plus tendue, l'anticipation et la trépidation se sont emparées de la nation, annonçant le début d'un chapitre turbulent de l'histoire moderne du Yémen.

Luttes de pouvoir : Factions et alliances clés

Les luttes de pouvoir tumultueuses qui ont précédé la révolte et la prise de Sana'a ont été étroitement mêlées à la tapisserie complexe de factions et d'alliances qui caractérise le milieu politique du Yémen. Au centre de ce paysage labyrinthique se trouvaient divers groupes, allant de vénérables coalitions tribales à des collectifs politiques contemporains, ainsi que des personnalités influentes liées à des intérêts nationaux et internationaux. Il est impératif de saisir les nuances de ces factions et de leurs partenariats stratégiques pour bien comprendre les événements qui se sont déroulés pendant cette période de bouleversements.

Parmi les prétendants au pouvoir, les chefs tribaux traditionnels, dont l'influence s'étendait sur les différentes régions du Yémen, occupaient une place prépondérante. Ces allégeances tribales ont joué un rôle déterminant dans le façonnement de l'arène politique, servant souvent de soutien fondamental à des factions disparates. Ces allégeances tribales ont souvent croisé des orientations sectaires et idéologiques, compliquant ainsi davantage l'évolution de la dynamique du pouvoir.

Simultanément, les partis politiques et les mouvements de base se sont livrés à une lutte acharnée pour la reconnaissance, exploitant habilement leur soutien local et leurs cadres organisationnels pour amplifier leur influence. L'interaction entre ces entités, dont certaines sont ancrées dans le riche passé historique du Yémen et d'autres représentent des vagues idéologiques plus récentes, a créé un environnement marqué par la volatilité, où les loyautés changeantes et les allégeances en constante évolution sont devenues la marque du paysage politique.

Les puissances extérieures et les acteurs régionaux ont exercé une influence considérable sur les luttes de pouvoir internes au Yémen. Cette influence s'est manifestée en particulier par les machinations stratégiques d'acteurs internationaux désireux de promouvoir leurs ambitions géopolitiques en apportant leur soutien à des factions ou des coalitions spécifiques. L'équilibre délicat du pouvoir a souvent été perturbé par des interventions étrangères, qui ont eu un effet d'entraînement sur la sphère politique intérieure.

Alors que les tensions s'intensifiaient entre les différents groupes, des frictions sous-jacentes ont éclaté, déclenchant finalement la série d'événements qui ont abouti au bouleversement sismique du soulèvement et à la prise éventuelle de Sanaa. L'interaction complexe des principales factions et alliances, mêlée aux griefs historiques, aux divisions sectaires et aux interventions extérieures, a ouvert la voie à une lutte prolongée pour la suprématie qui continue de résonner à travers le Yémen et au-delà. Un examen nuancé de ces luttes de pouvoir aux multiples facettes permet de comprendre les dynamiques complexes qui ont guidé le cours du soulèvement et ses ramifications ultérieures.

Mobilisation des forces : Planification stratégique et tactique

La mobilisation des forces pendant les soulèvements yéménites et la conquête de Sana'a qui s'en est suivie ont donné lieu à un labyrinthe de prévoyance stratégique et d'exécution tactique méticuleuse. Alors que le mécontentement couvait dans divers secteurs du paysage politique yéménite, des entités internes et externes ont commencé à manœuvrer pour positionner leurs forces en prévision de contestations imminentes du pouvoir. Dans ce discours, nous examinons les multiples facettes de la mobilisation des forces et les stratégies employées par les différentes parties prenantes pour affirmer leur domination.

La phase de planification stratégique s'est caractérisée par une évaluation scrupuleuse des ressources, qu'il s'agisse du capital humain, des armements ou des coalitions. Chaque faction s'est engagée dans un jeu sophistiqué d'interposition, s'efforçant de consolider les allégeances des partenariats tribaux, des factions militaires et des circonscriptions politiquement sympathiques. Cette époque a été ponctuée de consultations secrètes, d'opérations clandestines et de promesses de pouvoir et de protection pour fidéliser les populations. Alors que certaines factions se sont engagées dans des escalades militaires conventionnelles, d'autres ont adopté des tactiques asymétriques, notamment la manipulation d'influence et la propagande, pour renforcer leurs positions.

Les considérations tactiques ont joué un rôle primordial dans l'évolution de la situation. Le choix des cibles, le calendrier des offensives et les stratégies de déploiement ont révélé une confluence d'agilité, de précision et de détermination inflexible. Les factions divergentes ont utilisé toute une série de méthodologies, oscillant entre les tactiques militaires traditionnelles et les stratégies non conventionnelles s'appuyant sur la guérilla et les initiatives de combat urbain. La coordination complexe entre les différentes unités - souvent fragmentées par des allégeances différentes - a posé des défis et des opportunités nécessitant un leadership sagace et des cadres de commandement cohésifs.

Les acteurs extérieurs ont joué un rôle important dans l'amplification des efforts de mobilisation en fournissant un soutien financier, des armements et une formation à leurs affiliés respectifs, exacerbant ainsi la complexité du conflit. L'afflux de soutien extérieur a accru les enjeux, ajoutant des couches supplémentaires de complexité géopolitique à l'équation. Les puissances régionales se sont efforcées de promouvoir leurs intérêts stratégiques en s'alignant sur certaines factions, tandis que les entités internationales ont été confrontées à des implications plus larges en matière de sécurité et de relations diplomatiques. L'imbrication de ces dynamiques a mis en évidence le caractère transnational du conflit et la double interaction des luttes de pouvoir mondiales et régionales.

En résumé, la mobilisation des forces s'est déroulée comme un réseau de calculs, de négociations et d'actions délibérées qui ont préparé le terrain pour les moments décisifs qui ont abouti à la chute de Sanaa. Les chapitres suivants expliquent comment ces manœuvres stratégiques se sont concrétisées par des événements cruciaux qui ont irrévocablement transformé le paysage politique du Yémen et qui ont eu des répercussions dans toute la région.

Chute de Sana'a : l'assaut initial

À l'approche de la chute de Sanaa, les forces rebelles houthies ont mené une opération stratégique méticuleusement conçue qui a abouti à une incursion rapide mais décisive. S'appuyant sur une connaissance approfondie des environnements urbains et exploitant les failles existantes dans l'architecture défensive de la ville, les Houthis ont orchestré une série d'assauts méticuleusement coordonnés visant des installations gouvernementales et militaires essentielles. Cet assaut initial s'est caractérisé par une précision calculée, les insurgés faisant preuve d'un niveau impressionnant de coordination et d'innovation tactique. Utilisant des méthodes de guérilla et bénéficiant du soutien de factions désaffectées au sein de l'armée yéménite, les forces houthies ont progressé rapidement dans les faubourgs de la ville, s'assurant des points d'accès vitaux au cœur de Sanaa. La neutralisation systématique des nœuds de communication et des infrastructures essentielles a encore entravé la capacité de réaction du gouvernement, exacerbant le chaos et la désorientation au sein du régime en place.

Alors que les forces houthies encerclaient des bastions cruciaux, les défections massives des contingents loyalistes ont encore réduit la capacité défensive du gouvernement, ouvrant ainsi la voie à l'effondrement final de Sanaa. Cet assaut initial a également mis en évidence l'application adroite de la propagande et des tactiques psychologiques par les forces houthies, qui ont stratégiquement diffusé des récits de résistance et d'émancipation, galvanisant le soutien populaire et instillant la trépidation parmi les entités de l'opposition. Cette stratégie à multiples facettes a non seulement amplifié les répercussions psychologiques de leurs avancées militaires, mais a également renforcé leurs revendications de légitimité et de droiture.

La mobilisation rapide de groupes civils de soutien a fourni une assistance logistique cruciale et des renseignements essentiels, ce qui a encore facilité le succès de leur incursion. La prise de Sana'a est apparue comme un tournant dans le conflit en cours, symbolisant l'ascension des Houthis à l'épicentre de la dynamique du pouvoir au Yémen et remodelant fondamentalement les contours politiques de la nation. Les répercussions de cet événement majeur ont fini par se faire sentir à l'échelle nationale, régionale et internationale, jetant les bases d'une instabilité et d'une contestation géopolitique prolongées.

Stratégies d'occupation : Établir le contrôle

Au lendemain de la capitulation de Sanaa, les forces houthies ont rapidement mis en œuvre des stratégies visant à consolider leur emprise sur la capitale et ses institutions. Ces tactiques d'occupation ont été méticuleusement élaborées et exécutées avec une grande précision qui souligne la profonde compréhension qu'ont les Houthis de la gouvernance et des relations de pouvoir. L'amalgame de la puissance militaire et d'une manœuvre politique astucieuse est au cœur de leur stratégie. En prenant le contrôle des édifices gouvernementaux et des installations de sécurité, les Houthis ont facilité une prise de contrôle rapide et complète, symbolisant leur nouvelle domination dans le paysage urbain.

La planification de l'occupation s'est étendue

au-delà du simple contrôle territorial pour englober la gestion des services vitaux et des infrastructures. En réaffectant judicieusement les ressources, les Houthis se sont efforcés de cultiver le soutien et la loyauté de la population locale, renforçant ainsi leur emprise sur Sanaa et engendrant un sentiment palpable de dépendance parmi ses habitants. La diffusion stratégique de propagande et de messages idéologiques a été utilisée pour légitimer leur autorité et créer une atmosphère propice à leur gouvernance.

Dans leur quête de domination, les Houthis ont utilisé une approche à multiples facettes pour s'assurer l'assentiment des institutions centrales et des personnalités influentes. En mêlant coercition, persuasion et mesures incitatives, ils ont réussi à canaliser les dissidents et à supprimer les sources potentielles de résistance. Cette méthode calculée a non seulement renforcé leur autorité, mais elle a également permis d'associer leur gouvernance aux intérêts des citoyens. La mise en place d'une administration parallèle, composée de loyalistes et d'individus idéologiquement alignés, a renforcé leur contrôle tout en marginalisant systématiquement les voix dissidentes.

Un réseau complexe de mécanismes de surveillance, de collecte de renseignements et de censure constituait un élément essentiel du plan d'occupation. Cette architecture stratégique a permis aux Houthis d'étouffer la dissidence et de maintenir une emprise inflexible sur la ville. Leur habileté à utiliser la puissance douce - qui se manifeste par des initiatives culturelles et des festivités publiques - a été conçue pour projeter une illusion de normalité et de stabilité sous leur hégémonie. Dans l'ensemble, la phase d'occupation a reflété la remarquable compétence du mouvement Houthi à naviguer dans le réseau complexe de la gouvernance et du contrôle, marquant un moment charnière dans l'histoire contemporaine et le paysage géopolitique du Yémen.

Réponse gouvernementale : Réactions internes et externes

Au fur et à mesure que le soulèvement des Houthis et la prise de Sana'a se développaient, les réponses gouvernementales, tant internes qu'externes, sont apparues comme des facteurs critiques qui ont façonné le déroulement de l'histoire. Sur le plan intérieur, le gouvernement yéménite a été confronté à une crise de légitimité aiguë, s'efforçant de gérer l'insurrection et de répondre efficacement à l'incursion des Houthis. L'absence d'une réponse unifiée et cohérente de la part des différentes branches du gouvernement a exacerbé les troubles, entraînant une aggravation des divisions internes et des luttes de pouvoir. L'incapacité du gouvernement à s'attaquer aux causes sous-jacentes du conflit et à assurer une sécurité adéquate à ses citoyens a alimenté le mécontentement de la population, érodant la confiance dans les autorités au pouvoir.

Sur le front extérieur, les pays voisins et les acteurs internationaux ont réagi avec des degrés divers d'inquiétude et d'implication. L'Arabie saoudite, acteur régional important, a perçu l'avancée des Houthis comme une menace directe pour ses intérêts, ce qui a incité le royaume à prendre une série de contre-mesures destinées à freiner l'expansion de l'influence iranienne au Yémen. Le Conseil de coopération du Golfe (CCG) a condamné les actions des Houthis, ralliant le soutien du gouvernement yéménite et exprimant sa solidarité face à l'escalade de la crise.

À l'inverse, la réponse de l'Iran s'est déroulée de manière plus complexe et nuancée. Tout en niant officiellement toute implication directe dans le soulèvement des Houthis, l'Iran a discrètement apporté un soutien politique et matériel aux Houthis, tirant parti de la déstabilisation de son rival régional, l'Arabie saoudite. Ce soutien indirect mais substantiel a eu un impact significatif sur la dynamique du conflit, exacerbant sa complexité et prolongeant la crise.

Les États-Unis, eux aussi, se sont trouvés pris dans un jeu d'équilibre délicat, alors qu'ils s'efforçaient de parcourir le réseau complexe d'alliances et d'intérêts dans toute la région. Préoccupés par la prolifération de l'extrémisme et du terrorisme au Yémen, les responsables américains ont dû relever le défi de répondre aux menaces sécuritaires tout en évitant d'exacerber une situation déjà instable. L'engagement croissant des acteurs internationaux a encore compliqué un contexte déjà alambiqué, influençant la trajectoire du conflit et façonnant les développements futurs.

Les réponses gouvernementales, tant internes qu'externes, ont joué un rôle déterminant dans la définition de la dynamique évolutive du soulèvement houthi et de ses conséquences. L'interaction complexe des luttes de pouvoir internes, des rivalités régionales et des intérêts internationaux a mis en évidence les multiples facettes du conflit, soulignant les défis inhérents au traitement et à la résolution de la crise en cours.

Sentiment du public : Perspectives et impacts civils

Dans le contexte turbulent du conflit et des bouleversements, un aspect essentiel qui mérite d'être examiné est le sentiment qui prévaut au sein de la population civile yéménite. Au fil des événements, l'impact sur les civils s'est avéré profond, modifiant leurs perspectives, leurs moyens de subsistance et leur bien-être général d'une manière souvent imprévue. La vague de violence incessante, associée à la perturbation des services essentiels et des activités économiques, a eu des conséquences considérables sur la vie quotidienne des Yéménites ordinaires.

Les perspectives des civils sont marquées par une interaction complexe de trépidation, de résilience et de désillusion. De nombreuses personnes ont enduré des épreuves inimaginables, prises entre les feux croisés de factions rivales et confrontées à des menaces constantes de déplacement, de blessure ou de perte. L'érosion du tissu social et des systèmes de soutien traditionnels a laissé les communautés aux prises avec un périlleux sentiment d'insécurité et une profonde incertitude quant à leur avenir.

La catastrophe humanitaire a exacerbé un climat socio-économique déjà fragile, obligeant les civils à faire face à de graves pénuries alimentaires, à des soins de santé inadéquats et à des perturbations de leurs systèmes éducatifs. Le désespoir et la désolation qui en résultent ont provoqué de profonds traumatismes psychologiques et une détresse émotionnelle, en particulier chez les populations vulnérables, notamment les enfants et les personnes âgées. Des familles ont été déchirées et des maisons chères se sont transformées en champs de bataille, laissant des cicatrices durables qui peuvent persister pendant des générations.

L'impact sur le sentiment public va au-delà des expériences individuelles, imprégnant la psyché collective et la dynamique sociopolitique de la société yéménite. Des récits divergents font surface, reflétant les divisions profondes au sein des communautés et la lutte pour réconcilier des perspectives disparates. Cependant, dans l'adversité, un esprit de résilience persiste parmi certains segments de la population, se manifestant par des actes de solidarité, d'entraide et une détermination inébranlable à maintenir une façade de normalité au milieu du chaos.

Il est impératif de reconnaître que la population civile n'est pas simplement un observateur passif, mais plutôt un participant actif qui s'adapte, résiste et s'efforce d'agir dans des circonstances difficiles. Leurs perspectives et leurs expériences nous rappellent de manière poignante le coût humain des conflits et soulignent la nécessité urgente d'accorder la priorité à leur protection, à leur bien-être et aux perspectives d'une paix durable. Il est essentiel d'élever et d'amplifier la voix des civils pour favoriser l'empathie et la cohésion sociale, et pour forger des voies inclusives vers la réconciliation et le rétablissement de la dignité au Yémen.

Les récits des médias : Le rôle de la guerre de l'information

Dans le paysage tumultueux des conflits, les médias constituent un instrument puissant pour façonner les récits et influencer la perception du public. Cela a été particulièrement évident lors du soulèvement des Houthis et de la prise de Sana'a qui a suivi, où la dynamique de la guerre de l'information a joué un rôle indispensable. La diffusion stratégique d'informations, ainsi que la propagande et les récits élaborés sur diverses plateformes médiatiques, sont devenus un point central pour le mouvement houthi et ses adversaires. Il faut donc noter l'interaction complexe des récits médiatiques et leur impact sur l'évolution du conflit.

Alors que le soulèvement commençait, des récits nettement divergents ont fait surface de la part d'une myriade de parties prenantes. Le gouvernement yéménite et ses alliés ont mené une campagne concertée pour dépeindre le mouvement Houthi comme une force déstabilisatrice, prétendument soutenue par des acteurs extérieurs désireux de semer le chaos et de porter atteinte à la souveraineté du Yémen. À l'inverse, les Houthis ont utilisé divers canaux médiatiques pour se présenter comme de vaillants défenseurs de la justice, luttant contre la corruption et les injustices perpétuées par l'élite dirigeante. Ces récits contradictoires ont non seulement mis en évidence le schisme idéologique, mais ont également intensifié la polarisation au sein de la population.

Le domaine de la guerre de l'information s'est étendu bien au-delà des médias traditionnels, imprégnant les médias sociaux et les plateformes numériques. Les deux factions se sont livrées à une concurrence féroce pour la domination numérique, déployant des images, des vidéos et une rhétorique convaincante pour attirer des partisans et discréditer leurs adversaires. Les capacités de diffusion rapide des médias sociaux ont amplifié la portée et l'impact des récits contradictoires, facilitant une polarisation accélérée du sentiment public.

La manipulation des récits des médias a eu des répercussions importantes sur la scène internationale. Le cadrage des événements au Yémen par les médias mondiaux a influencé les perceptions des gouvernements étrangers, des organisations internationales et de la communauté internationale au sens large. Le mouvement houthi a cherché à s'attirer la sympathie du monde entier en présentant sa lutte comme une juste résistance à l'oppression, tandis que ses adversaires se sont efforcés de le délégitimer en le présentant comme une force déstabilisatrice menaçant la paix régionale.

L'influence considérable exercée par les récits des médias sur la trajectoire du conflit est indéniable. La manière dont les événements ont été présentés, la diabolisation ou la glorification d'acteurs clés et la description sélective des incidents ont considérablement façonné la compréhension collective du conflit. À mesure que la situation évoluait et s'étendait, le rôle de la guerre de l'information a continué à s'adapter, affectant non seulement les dynamiques nationales, mais aussi les réponses et les engagements internationaux. Il est essentiel de comprendre le pouvoir et les implications de ces récits médiatiques pour saisir les complexités du conflit et ses ramifications durables.

Conséquences et consolidation : Préparer le terrain pour un conflit permanent

La prise de Sanaa par les forces houthies a annoncé un changement radical dans la sphère politique du Yémen, conduisant à une phase de consolidation qui a ouvert la voie à des conflits persistants. Lorsque le chaos initial s'est apaisé, les dirigeants houthis ont dû relever le formidable défi de gouverner une capitale en proie à l'agitation tout en naviguant dans une dynamique de pouvoir complexe et des intérêts divergents. Les ramifications de ce moment charnière se sont répercutées dans toute la région et au-delà.

Dans la foulée, les dirigeants houthis ont pris une série de mesures de consolidation, établissant de nouveaux cadres administratifs et reconfigurant les institutions gouvernementales essentielles pour les aligner sur leurs objectifs stratégiques. Parallèlement, les Houthis ont cherché à consolider leur domination sur des territoires stratégiques et à renforcer leurs positions militaires pour contrer les menaces potentielles d'adversaires internes et externes. Cette période a également été marquée par des efforts concertés pour étendre leur influence au-delà de Sanaa, les Houthis consolidant méticuleusement leur contrôle sur des régions et des ressources essentielles.

Dans ce contexte, les dirigeants houthis ont entrepris des démarches diplomatiques, cherchant à obtenir une reconnaissance internationale tout en forgeant des alliances avec des entités partageant les mêmes idées et favorables à leur cause. Cependant, les conséquences de la prise de Sanaa ont également ouvert la voie à un conflit permanent, incitant les factions rivales et les puissances extérieures à recalibrer leurs stratégies et leurs réponses. La montée en puissance des Houthis a déclenché une lutte pour le pouvoir aux multiples facettes, caractérisée par des alliances changeantes, des confrontations par procuration et une concurrence géopolitique accrue. Cet environnement instable a jeté les bases d'un conflit prolongé, exacerbant les lignes de fracture existantes et plongeant le Yémen dans un état d'instabilité accru.

Les conséquences ont précipité une crise humanitaire aux proportions alarmantes, la situation des civils s'aggravant dans un contexte d'escalade de la violence et d'économie chancelante. La consolidation du contrôle des Houthis sur Sanaa a non seulement aggravé les divisions sociales, mais a également semé les graines du ressentiment, suscitant la dissension et la résistance parmi les différents segments de la communauté. L'administration dirigée par les Houthis a rencontré des difficultés croissantes pour fournir les services essentiels et répondre aux besoins urgents de la population, ce qui a eu pour effet de tendre le tissu social et d'amplifier les griefs.

En fin de compte, les conséquences de la prise de Sanaa par les Houthis ont jeté les bases d'un conflit persistant et complexe, façonnant la trajectoire future du Yémen et intégrant les complexités de la dynamique régionale dans la crise en cours.

Références

1. **Al-Ghabar, Yasser.** Les Houthis : Une histoire

politique du mouvement au Yémen. Londres : I.B. Tauris, 2017.

2. **Cunningham, Andrew.** Winds of Change : Le printemps arabe et son impact sur le Yémen. New York : Palgrave Macmillan, 2015.

3. **Long, David E.** Les États-Unis et le Yémen : Une histoire des relations et des interactions. New York : Palgrave Macmillan, 2018.

4. **Salafisme ou démocratie ? Le défi des révoltes yéménites.** Édité par Peter Salisbury. Londres : Chatham House, 2017.

5. **Salisbury, Peter.** Le Yémen : Caught in the Crossfire of Regional Geopolitics. Londres : Chatham House, 2015.

6. **Thomas, Amy.** Le mouvement Houthi : Une vue d'ensemble de l'insurrection chiite au Yémen. Londres : M.E. Sharpe, 2016.

7. **Woods, Michael.** Les Houthis : Le mouvement "folklorique" du Yémen, de la politique locale à la politique régionale. New York : Palgrave Macmillan, 2018.

8. *Le Yémen en crise : Une catastrophe humanitaire. Édité par Charles Schmitz. New York : Oxford University Press, 2017.

9. **Zarif, Alia.** Les soulèvements au Yémen : Effets

sociopolitiques et contexte historique. Washington, DC : Georgetown University Press, 2015.

10. **Fawaz, Leila.** *Histoire du Yémen moderne.* Cambridge : Cambridge University Press, 2018.

6

Implications régionales: l'Arabie saoudite, l'Iran et la menace houthi

Intérêts géopolitiques de l'Arabie saoudite

Les intérêts géopolitiques durables de l'Arabie saoudite au Yémen sont étroitement liés à sa quête de stabilité régionale, à la lutte contre l'influence iranienne et à la sauvegarde de ses frontières méridionales. Le Royaume considère le Yémen comme un tampon essentiel contre les menaces extérieures, cherchant historiquement à affirmer son influence sur les machinations politiques de son voisin méridional. Le Yémen est depuis longtemps le théâtre de luttes de pouvoir et d'antagonismes sectaires ; le maintien de l'influence sur ce territoire est donc jugé essentiel pour la sécurité nationale de Riyad. Le détroit de Bab-el-Mandeb - un point d'étranglement maritime crucial à l'extrémité sud du Yémen - joue un rôle indispensable dans la facilitation du commerce maritime international. Toute perturbation de la stabilité du Yémen pourrait potentiellement mettre en péril les voies maritimes mondiales vitales. La sauvegarde de cette voie d'eau stratégique est donc intrinsèquement liée à la stratégie géopolitique de l'Arabie saoudite.

La position géographique unique du Yémen, adjacent à la frontière sud du Royaume, en a fait un foyer de discorde dans le conflit plus large avec l'Iran. Les dirigeants saoudiens perçoivent le soutien iranien aux insurgés houthis comme une menace existentielle pour leur souveraineté territoriale et leur suprématie régionale. La rébellion houthie ne se contente pas d'aggraver les dilemmes sécuritaires de l'Arabie saoudite, elle exacerbe également les conflits internes, en particulier dans sa périphérie méridionale. Par conséquent, le Royaume s'est senti obligé d'intervenir militairement au Yémen pour tenter de contrecarrer ce qu'il considère comme un empiètement de l'Iran dans sa sphère d'influence. Alors que le conflit perdure, l'Arabie saoudite s'efforce d'empêcher l'émergence d'une entité gouvernée par les Houthis à ses frontières, qu'elle perçoit comme un vecteur des aspirations expansionnistes de Téhéran. L'engagement du Royaume au Yémen est donc emblématique de sa volonté de protéger ses intérêts stratégiques et d'affirmer sa domination dans la péninsule arabique.

L'influence iranienne sur l'insurrection houthie

L'implication de l'Iran dans l'insurrection houthie est devenue un point central d'un examen rigoureux et d'un discours controversé au sein de l'arène internationale. Le soutien de l'Iran au mouvement Houthi est fréquemment interprété comme une facette de sa stratégie plus large visant à amplifier sa domination régionale tout en contrant l'influence de son éternel rival, l'Arabie saoudite. Ce soutien englobe un large éventail de mesures politiques, financières et militaires, notamment la fourniture d'armements, d'entraînements et de conseils aux forces houthies. Ce soutien iranien a renforcé les Houthis, leur permettant de poursuivre leurs activités d'insurrection et de poser un formidable défi au gouvernement yéménite internationalement reconnu et à ses coalitions alliées.

L'alliance entre l'Iran et les Houthis transcende les simples affiliations idéologiques ou sectaires, car elle est étayée par des partenariats stratégiques et une antipathie commune à l'égard de l'hégémonie saoudienne. Ce lien entre l'Iran et les Houthis se manifeste comme un mécanisme permettant à l'Iran de projeter sa puissance le long de la frontière méridionale de l'Arabie saoudite, suscitant de profondes préoccupations et inquiétudes parmi les États du Golfe, en particulier à Riyad, ce qui précipite la montée des tensions régionales et amplifie le sentiment d'insécurité. L'engagement de l'Iran dans l'insurrection houthie exacerbe la dynamique sectaire régionale. Les Houthis, qui appartiennent à la secte zaïdite de l'islam chiite, ont des liens historiques avec la population chiite iranienne, ce qui justifie que Téhéran défende la cause des Houthis. L'Iran se positionne comme un bastion des droits des minorités et un défenseur des opprimés face à l'hégémonie sunnite perçue dans la région. Cet alignement sert toutefois à approfondir les divisions sectaires et à enflammer le clivage déjà précaire entre sunnites et chiites, ce qui accentue la fragmentation et l'escalade du conflit dans tout le Moyen-Orient.

Au-delà des répercussions immédiates pour le Yémen, le soutien de l'Iran à l'insurrection des Houthis a des implications considérables pour la stabilité régionale. Le conflit yéménite est devenu un creuset pour les relations de pouvoir régionales, intensifiant la guerre par procuration et les rivalités entre États dans l'ensemble du Moyen-Orient. L'empreinte iranienne croissante au Yémen accroît les enjeux pour d'autres acteurs régionaux, tels que les Émirats arabes unis et Israël, qui perçoivent l'influence naissante de l'Iran au Yémen comme un affront direct à leur propre sécurité et à leurs impératifs stratégiques. Par conséquent, l'influence iranienne au sein de l'insurrection houthie apparaît comme un facteur déterminant dans la trajectoire du conflit yéménite et dans le contexte géopolitique général du Moyen-Orient. Il est impératif de comprendre la profondeur et la portée de cette influence pour déchiffrer les complexités de la crise yéménite et formuler des politiques efficaces de désescalade et de résolution des conflits dans la région.

Dimensions sectaires des rivalités régionales

Les dimensions sectaires enchevêtrées dans les rivalités régionales influencent considérablement la dynamique du conflit impliquant l'insurrection houthie au Yémen. Le fossé entre l'islam sunnite et l'islam chiite s'est imposé comme un facteur déterminant du paysage sociopolitique du Moyen-Orient, se répercutant sur les luttes de pouvoir et les alliances géopolitiques de la région. Dans le contexte de la crise yéménite, ce clivage sectaire a exacerbé la confrontation entre l'Arabie saoudite, majoritairement sunnite, et l'Iran, à tendance chiite. L'antagonisme historique entre ces deux titans régionaux s'est intensifié avec le soulèvement des Houthis, aggravant les fissures sectaires et les rivalités géopolitiques. Ce discours sectaire exacerbé a transformé le conflit du Yémen en un champ de bataille pour une domination et une influence régionales plus larges.

La politisation des identités sectaires a encore polarisé la région, renforçant les positions antagonistes et compliquant les efforts pour résoudre le conflit. Le calcul stratégique de l'Arabie saoudite et de l'Iran, façonné par leurs affiliations sectaires respectives, perpétue le paysage alambiqué de la crise du Yémen. De plus, les dimensions sectaires résonnent au-delà des frontières du Yémen, remodelant le milieu de la sécurité régionale. L'alignement des États arabes à majorité sunnite sur l'Arabie saoudite et l'engagement des milices chiites soutenues par l'Iran ont creusé les fossés, attirant d'autres acteurs et amplifiant les connotations sectaires. Ainsi, les conflits au Yémen ne sont pas seulement enracinés dans des griefs locaux, mais sont imbriqués dans des luttes de pouvoir plus larges, dans une tapisserie d'alliances et d'inimitiés à plusieurs niveaux, avec des répercussions qui s'étendent bien au-delà du territoire yéménite.

Si les nuances sectaires des rivalités régionales ont ajouté des couches complexes au conflit, elles constituent également un forum pour un engagement diplomatique potentiel. Il est essentiel de comprendre et d'aborder ces éléments sectaires pour élaborer des stratégies efficaces visant à désamorcer les tensions et à favoriser une paix durable au Yémen. En reconnaissant les dynamiques sectaires et en s'y engageant, les acteurs régionaux peuvent s'efforcer de démêler l'écheveau des rivalités et de progresser vers une résolution inclusive de l'impasse yéménite.

Intervention et stratégies militaires saoudiennes

L'intervention militaire de l'Arabie saoudite au Yémen, qui a débuté en 2015, a marqué un tournant dans les hostilités en cours avec les insurgés houthis. Le Royaume, aux côtés de ses alliés régionaux, a lancé l'opération Tempête décisive avec pour mission principale de rétablir l'administration internationalement reconnue du président Abdrabbuh Mansur Hadi et d'empêcher l'empiétement des rebelles houthis. Cet effort militaire souligne la détermination de l'Arabie saoudite à maintenir la stabilité et la sécurité dans son voisinage méridional.

L'architecture stratégique de l'intervention militaire saoudienne a adopté une approche à multiples facettes, s'attaquant à divers éléments du conflit. Dès le début, la coalition dirigée par l'Arabie saoudite a effectué des frappes aériennes ciblant les bastions et les infrastructures des Houthis, afin de réduire l'efficacité militaire des insurgés et de perturber leur infrastructure de commandement. Parallèlement, la coalition a renforcé son soutien aux forces progouvernementales sur le terrain, en leur fournissant des formations, des armements et un soutien logistique afin de renforcer leurs capacités opérationnelles face à l'insurrection houthie.

L'intervention militaire saoudienne s'est étendue au-delà des opérations de combat conventionnelles

pour englober un blocus complet des frontières aériennes, terrestres et maritimes du Yémen. Ce blocus
visait à réduire les flux d'armes et de fournitures destinés aux rebelles houthis tout en entravant les activités illicites susceptibles de soutenir leur insurrection.
La mise en œuvre de cet embargo maritime et aérien
a posé d'énormes problèmes pour l'acheminement de
l'aide humanitaire, ce qui a suscité l'inquiétude de la
communauté internationale face à l'aggravation de la
crise humanitaire au Yémen.

Outre les manœuvres militaires, la coalition dirigée
par l'Arabie saoudite a poursuivi ses initiatives diplomatiques afin d'obtenir le soutien de la communauté
internationale pour son intervention au Yémen. En
s'engageant auprès des parties prenantes régionales
et mondiales, l'Arabie saoudite s'est efforcée de mettre en lumière les motifs légitimes de ses actions militaires, en soulignant les répercussions déstabilisantes
de l'insurrection des Houthis sur la stabilité régionale.
Simultanément, la coalition a recherché le dialogue
et les négociations afin d'explorer les voies possibles
d'une résolution politique du conflit, bien que les
progrès dans ces efforts aient été confrontés à des
obstacles considérables à la lumière des dynamiques
complexes omniprésentes dans la crise yéménite.

Au fur et à mesure de son déroulement, l'intervention militaire saoudienne s'est heurtée à une pléthore
de complexités et de critiques, notamment en ce qui
concerne les victimes civiles, la dévastation des infrastructures et la nature prolongée du conflit. L'attention de la communauté internationale s'est inten-

sifiée et des appels à la responsabilité ont été lancés à mesure que les rapports sur les répercussions humanitaires se multipliaient, obligeant à réévaluer les stratégies et la conduite de la coalition. L'engagement durable au Yémen a également entraîné des tensions économiques et politiques pour l'Arabie saoudite, soulignant la nécessité de réévaluer la viabilité à long terme de son engagement militaire.

En fin de compte, l'intervention militaire saoudienne et les stratégies qui l'ont accompagnée ont constitué une réponse à multiples facettes à la menace houthie, mêlant opérations militaires et ouvertures diplomatiques. Au fil de ce chapitre, la tapisserie complexe des dynamiques de pouvoir régionales et leurs ramifications pour le Yémen apparaissent comme des facteurs essentiels pour façonner l'arc du conflit et ses répercussions plus larges dans la région.

Avantages stratégiques et participation de l'Iran

L'engagement de l'Iran dans l'insurrection houthie repose sur une matrice alambiquée d'intérêts stratégiques et de manœuvres géopolitiques. En tant qu'État musulman majoritairement chiite, l'Iran aspire à étendre son influence et à renforcer sa stature de puissance régionale prééminente au sein du Moyen-Orient. Le mouvement houthi au Yémen s'inscrit dans l'objectif plus large de l'Iran de contrer l'emprise de l'Arabie saoudite dans la région. En apportant son soutien aux Houthis, l'Iran s'efforce de renforcer sa sphère d'influence et de contester l'hégémonie de son rival. L'Iran perçoit l'insurrection des Houthis comme un levier stratégique lui permettant d'exercer une pression sur l'Arabie saoudite tout en élargissant sa profondeur stratégique.

Le soutien matériel et idéologique que l'Iran apporte aux rebelles houthis a de profondes ramifications stratégiques. L'aide militaire fournie par Téhéran - notamment en termes d'armement, d'entraînement et de soutien financier - a considérablement renforcé l'insurrection des Houthis, prolongeant ainsi le conflit au Yémen. Ce soutien permet aux Houthis de maintenir leur résistance contre la coalition dirigée par l'Arabie saoudite, ce qui renforce la position de l'Iran en tant qu'acteur clé dans les conflits régionaux. L'implication de l'Iran au Yémen sert à détourner les ressources et l'attention de l'Arabie saoudite, créant ainsi des opportunités pour l'Iran de poursuivre ses ambitions régionales.

L'Iran considère son soutien aux Houthis comme un moyen d'accroître sa présence navale et de renforcer sa position stratégique dans le détroit de Bab el-Mandeb, un point d'étranglement maritime essentiel. En soutenant les insurgés houthis, l'Iran cherche non seulement à remettre en cause la prédominance saoudienne dans la région, mais aussi à exercer une influence sur les voies maritimes internationales essentielles. Cette interaction stratégique souligne les objectifs maritimes de l'Iran et ses aspirations à exercer une influence sur les voies navigables vitales du Moyen-Orient.

L'aide apportée par l'Iran à l'insurrection houthie facilite également le développement d'alliances et l'établissement de réseaux d'influence au-delà de ses frontières géographiques immédiates. En s'alignant sur la cause des Houthis, l'Iran se présente comme le défenseur des communautés chiites marginalisées et renforce son image de protecteur des droits des groupes opprimés. Cette approche permet à l'Iran d'exploiter les fissures sectaires tout en amplifiant son attrait pour les populations chiites de la région.

En résumé, l'engagement stratégique de l'Iran dans l'insurrection houthie est multiforme et étroitement lié à ses objectifs régionaux primordiaux. En soutenant les Houthis, l'Iran s'efforce d'affaiblir l'Arabie saoudite, d'étendre son influence maritime et de forger des alliances qui favorisent ses ambitions géopolitiques.

La guerre par procuration : Un contexte plus large au Moyen-Orient

La guerre par procuration est devenue une caractéristique déterminante des conflits à multiples facettes dans le paysage du Moyen-Orient, où diverses entités régionales et internationales exploitent des acteurs non étatiques pour faire avancer leurs objectifs stratégiques. Ce réseau complexe d'alliances et de rivalités a donné lieu à une prolifération d'affrontements par procuration, qui aboutissent souvent à de graves répercussions humanitaires et à l'instabilité régionale.

Au Yémen, l'insurrection des Houthis illustre la manière dont la guerre par procuration s'articule avec les griefs locaux, les tensions sectaires et les stratégies géopolitiques. L'implication de puissances extérieures telles que l'Iran et l'Arabie saoudite a perpétué le conflit, exacerbant un environnement déjà instable. Le Moyen-Orient au sens large regorge d'arènes similaires où la guerre par procuration est courante, notamment en Syrie, en Irak et au Liban. Ces conflits révèlent souvent des schémas caractérisés par le parrainage de factions armées, la circulation transnationale d'armes et de ressources et la manipulation des griefs locaux.

Ce mode de guerre intensifie les rivalités régionales et pose de redoutables défis à la stabilité et à la sécurité mondiales. Le recours à des mandataires permet aux acteurs étatiques de poursuivre leurs objectifs tout en conservant un déni plausible, ce qui complique l'obligation de rendre compte des actions des acteurs non étatiques qu'ils soutiennent. Dans ce contexte, la guerre par procuration souligne les limites des cadres diplomatiques et militaires conventionnels dans la résolution des conflits contemporains.

Les répercussions de ces dynamiques s'étendent au-delà des théâtres immédiats de conflit, influençant les relations internationales, la sécurité maritime et l'économie mondiale. La nature interconnectée de ces confrontations par procuration nécessite une approche globale qui s'attaque aux causes profondes, à la dynamique des pouvoirs régionaux et aux possibilités de désescalade et de réconciliation. Comprendre le paysage complexe de la guerre par procuration au Moyen-Orient est indispensable pour les décideurs politiques, les analystes et les parties prenantes qui s'efforcent de naviguer dans les complexités géopolitiques contemporaines et de favoriser une paix et une sécurité durables.

Impact sur les États du Conseil de coopération du Golfe (CCG)

Le conflit yéménite et la montée en puissance du mouvement Houthi ont de profondes répercussions sur les États du Conseil de coopération du Golfe (CCG), à savoir le Bahreïn, le Koweït, Oman, le Qatar, l'Arabie saoudite et les Émirats arabes unis. Les nations du CCG ont été très affectées par l'instabilité et l'insécurité découlant du conflit, qui a catalysé l'aggravation des tensions régionales et des menaces pour la sécurité.

Avec l'escalade du conflit, les États du CCG ont été contraints de réévaluer leurs stratégies et leurs alliances régionales tout en mobilisant des ressources pour des initiatives de sécurité collective. L'Arabie saoudite, en particulier, se trouve directement touchée, confrontée à des assauts transfrontaliers et à des escarmouches avec les forces houthies. La proximité des Houthis avec les frontières saoudiennes et leurs capacités militaires croissantes constituent une menace redoutable pour l'intégrité territoriale et la sécurité nationale du Royaume, ce qui l'a incité à prendre des mesures proactives pour fortifier ses frontières contre l'insurrection des Houthis. Cette situation a entraîné une augmentation des dépenses militaires et de l'allocation des ressources qui pèsent sur le budget national et les stratégies de développement à long terme de l'Arabie saoudite.

Les ramifications du conflit vont au-delà des considérations sécuritaires ; l'afflux de réfugiés yéménites dans les États du CCG a mis à rude épreuve les ressources sociales et économiques, exacerbant les problèmes internes. Le conflit prolongé a amplifié les tensions sectaires, provoquant des fractures entre les États membres du CCG et influençant leurs positions respectives sur la crise. Alors que certains membres soutiennent ouvertement le gouvernement yéménite internationalement reconnu et la coalition dirigée par l'Arabie saoudite, d'autres adoptent des positions plus prudentes ou neutres, reflétant les intérêts complexes et divergents au sein de l'alliance.

Le conflit yéménite a mis à l'épreuve l'efficacité du CCG en tant qu'entité de sécurité régionale, en remettant en question sa capacité à coordonner les réponses à l'évolution des menaces émanant du Yémen. Les effets déstabilisants du conflit soulignent la nécessité d'une collaboration renforcée entre les États du CCG et les partenaires extérieurs pour faire face efficacement aux retombées et aux conséquences à long terme de la crise yéménite. En conséquence, le CCG a poursuivi des initiatives diplomatiques visant à assurer la médiation du conflit et à faciliter le dialogue entre les factions belligérantes, tout en explorant les possibilités de désescalade et de résolution du conflit au niveau régional. Compte tenu de leur importance stratégique, les actions et les décisions des États du CCG font partie intégrante de la dynamique régionale et influencent la trajectoire du conflit yéménite.

Implications pour la sécurité maritime en mer Rouge

Le conflit en cours au Yémen et les activités de l'insurrection houthie ont des répercussions importantes sur la sécurité maritime en mer Rouge, une artère cruciale qui relie le Moyen-Orient à la Corne de l'Afrique et sert de voie de communication vitale pour le commerce mondial. Cette masse d'eau est primordiale, car elle donne accès au canal de Suez, une voie indispensable pour le transport maritime international, notamment pour les pétroliers et les navires de fret. La déstabilisation provoquée par le conflit au Yémen renforce les inquiétudes concernant la sûreté et la sécurité des opérations maritimes dans cette région. Les rebelles houthis ont démontré leur capacité à mener des attaques contre des navires commerciaux et militaires, en utilisant des armes de pointe, ce qui constitue une menace directe pour les biens maritimes traversant la mer Rouge. Ces actions ne mettent pas seulement en danger la vie des marins, elles perturbent également le commerce international et les activités économiques. En réponse à cette situation, les acteurs maritimes, notamment les compagnies maritimes, les forces navales et les organisations internationales, s'attachent à renforcer les protocoles de sécurité et à suivre de près l'évolution de la situation en mer Rouge.

Le conflit yéménite a exacerbé les tensions entre les puissances régionales, notamment l'Arabie saoudite et l'Iran, les deux nations s'engageant dans une posture stratégique et des engagements par procuration dans la zone élargie de la mer Rouge. Cette rivalité géopolitique menace de s'intensifier, créant une instabilité supplémentaire et compliquant les efforts visant à garantir la sécurité de la navigation dans ces eaux critiques.

Parallèlement aux préoccupations immédiates en matière de sécurité maritime, le conflit en cours a favorisé la prolifération d'activités illicites, telles que la contrebande d'armes, le trafic d'êtres humains et la piraterie le long des côtes du Yémen et des États voisins. Ces activités néfastes compromettent la sécurité et menacent les efforts concertés visant à rétablir l'ordre public dans la région de la mer Rouge.

Pour relever ces défis, les acteurs régionaux et internationaux s'emploient activement à renforcer la sécurité maritime par des stratégies de coopération, notamment des patrouilles navales conjointes, l'échange de renseignements et des initiatives de renforcement des capacités pour les États côtiers. Les nations riveraines de la mer Rouge, ainsi que des acteurs clés comme l'Égypte, l'Arabie saoudite et les Émirats arabes unis, ont joué un rôle essentiel dans l'orchestration des efforts visant à renforcer la sécurité maritime et à lutter contre les activités illicites.

Compte tenu de l'importance stratégique de la mer Rouge, il est impératif que la communauté internationale donne la priorité aux initiatives visant à désamorcer le conflit au Yémen et à favoriser le règlement pacifique des différends régionaux. Des mesures proactives visant à renforcer la sécurité maritime, à lutter contre les activités illégales et à promouvoir la collaboration entre les parties prenantes sont essentielles pour garantir la stabilité et le flux ininterrompu du commerce par ce canal maritime vital.

Activités diplomatiques et initiatives de paix

Au milieu des dynamiques régionales complexes et des hostilités en cours, les initiatives diplomatiques et les efforts de paix sont apparus comme des voies essentielles pour résoudre la crise yéménite et l'insurrection des Houthis. La communauté internationale, sous la houlette d'institutions telles que les Nations unies, s'est engagée assidûment à faciliter le dialogue et à explorer les voies d'une résolution pacifique de ce conflit prolongé.

Les principaux efforts diplomatiques comprennent des initiatives conçues pour rassembler des parties prenantes de diverses factions, notamment des représentants du mouvement houthi, du gouvernement yéménite et de puissances régionales telles que l'Arabie saoudite et l'Iran. Un exemple notable est l'accord de Stockholm, négocié en décembre 2018 sous les auspices des Nations unies. Cet accord important visait à faciliter un cessez-le-feu dans la ville portuaire stratégique de Hodeidah et à établir un cadre pour l'accès humanitaire. Bien que confronté à de nombreux défis dans la mise en œuvre, l'accord symbolise un effort diplomatique important pour atténuer les souffrances humanitaires et créer un environnement propice à des négociations de paix plus larges.

D'autres discussions et conférences multilatérales ont cherché à fournir des plates-formes de dialogue et de recherche de consensus entre les parties en conflit, en soulignant la nécessité d'une désescalade et d'un discours politique. Des acteurs régionaux ont également pris des initiatives, le Koweït, Oman et d'autres États du Golfe jouant un rôle de premier plan dans la médiation du dialogue et des négociations. Ces efforts visent à combler les fossés entre les factions belligérantes, soulignant l'impératif de processus de paix inclusifs et d'arrangements structurels qui répondent aux griefs de toutes les parties impliquées.

Les voies diplomatiques se sont concentrées sur l'examen des mesures de confiance potentielles et des initiatives de renforcement de la confiance entre les parties, jetant ainsi les bases d'un cadre de paix durable. Compte tenu de la détérioration des conditions humanitaires, des efforts concertés ont été déployés pour donner la priorité à la diplomatie plutôt qu'à la rhétorique et aux actions militaristes. Les organisations humanitaires et les groupes de pression soulignent l'importance cruciale de la protection des civils et de la garantie d'un accès sans entrave à l'aide essentielle. L'accent mis sur l'approche humanitaire dans le cadre des efforts diplomatiques reflète une reconnaissance croissante du bilan humain du conflit et du besoin urgent de trouver des solutions pour alléger les souffrances de la population yéménite.

Pour l'avenir, un engagement diplomatique soutenu reste essentiel pour orienter la trajectoire vers un règlement de paix durable. Un large consensus se dégage en faveur d'une solution politique globale fondée sur un dialogue inclusif et une stabilité à long terme. Néanmoins, la complexité des rivalités régionales et la complexité des dynamiques internes au Yémen exigent des efforts robustes et soutenus ainsi qu'un engagement fort de la part de toutes les parties prenantes pour surmonter les obstacles persistants à la paix. Alors que l'attention mondiale reste focalisée sur la crise yéménite, l'efficacité des initiatives diplomatiques et des efforts de paix continuera d'être déterminante pour la trajectoire du conflit, ouvrant finalement la voie à un avenir plus sûr et plein d'espoir pour le peuple yéménite.

Trajectoires futures : Stabilisation ou escalade ?

Les trajectoires futures de l'insurrection houthie au Yémen ont de profondes implications pour la stabilité et la sécurité régionales. Au fur et à mesure de l'évolution du conflit, des scénarios divergents pourraient façonner le cours des événements dans les années à venir. L'une des voies possibles est celle de la stabilisation par le biais de négociations diplomatiques soutenues et de la résolution du conflit. Cette approche nécessiterait un engagement ferme de la part des principales parties prenantes, y compris les puissances régionales et les médiateurs internationaux. Un processus de paix global, étayé par des mesures de confiance et des initiatives humanitaires, pourrait jeter les bases d'une désescalade et d'une éventuelle réintégration des factions fragmentées au sein du Yémen.

À l'inverse, un scénario plus inquiétant pourrait se dérouler, marqué par l'intensification des hostilités, la multiplication des interventions étrangères et l'aggravation des clivages sectaires. Une telle trajectoire accroît les risques d'un conflit prolongé, exacerbant la terrible crise humanitaire du Yémen et déstabilisant potentiellement les pays voisins. Les rivalités géopolitiques bien ancrées et la prolifération des engage-ments par procuration pourraient conduire à un cy-cle de violence périlleux, avec des ramifications d'une grande portée pour la région du Moyen-Orient dans son ensemble.

Le rôle de la communauté internationale dans l'élab-oration de ces trajectoires futures ne peut être sures-timé. Des organisations telles que les Nations unies et d'autres acteurs influents doivent continuer à faire pression sur les parties concernées pour qu'elles en-gagent un véritable dialogue et recherchent des solu-tions durables. Une diplomatie multilatérale efficace, associée à des sanctions ciblées et à de solides straté-gies de rétablissement de la paix, pourrait faciliter une évolution vers la stabilisation tout en réduisant les risques d'une nouvelle escalade du conflit.

La perspective d'une intervention militaire ex-térieure se profile également, influençant profondé-ment l'évolution future du conflit. Certaines parties prenantes plaident pour une présence militaire inter-nationale plus affirmée afin de réprimer l'insurrection et de rétablir l'ordre, tandis que d'autres soulignent la nécessité de respecter la souveraineté du Yémen et de poursuivre des approches non militaires pour la résolution du conflit. Cet équilibre délicat entre les mesures coercitives et les voies diplomatiques aura un impact considérable sur la tendance du conflit à se stabiliser ou à s'enliser dans un chaos et une insécurité accrus.

En fin de compte, la trajectoire de la menace houthie dépend des décisions prises par les acteurs régionaux, les parties prenantes internationales et les parties en conflit elles-mêmes. Les complexités du paysage politique du Yémen, la contestation des ressources et de l'influence, et les alliances complexes en jeu sont autant d'éléments qui éclairent les voies potentielles à suivre. En naviguant sur ce terrain alambiqué, la recherche d'une paix et d'une stabilité durables doit rester au centre des efforts diplomatiques, car les conséquences de la stabilisation et de l'escalade se répercutent bien au-delà des frontières du Yémen.

Références

1. Hoffman, Bruce. Inside Terrorism. New York : Columbia University Press, 1998.

2. Lynch, Marc. Le soulèvement arabe : Les révolutions inachevées du nouveau Moyen-Orient. New York : PublicAffairs, 2012.

3. Mabon, Simon. Arabie saoudite et Iran : Soft Power Rivalry in the Middle East. Londres : I.B. Tauris, 2017.

4. Al-Hariri, Jamil. La crise du Yémen : A Security Perspective. Abingdon, Royaume-Uni : Routledge, 2018.

5. Katzman, Kenneth. Yémen : Civil War and Regional Intervention. Washington, DC : Congressional Research Service, 2020.

6. Wehrey, Frederic. Les combats au Yémen : Une guerre sur plusieurs fronts. Santa Monica, CA : RAND Corporation, 2018.

7. Sullivan, David. Le Moyen-Orient : Une brève histoire des 40 dernières années. Londres : Routledge, 2019.

8. Wedeen, Lisa. Visions périphériques : Publics, Power, and Performance in Yemen. Chicago : University of Chicago Press, 2008.

7

Acteurs mondiaux: l'impact de l'engagement des États-Unis et les réponses de l'ONU

La toile géopolitique du conflit yéménite : L'engagement des États-Unis et de l'ONU

La tapisserie complexe du conflit yéménite est indélébilement tissée avec les fils de l'implication mondiale, avec des acteurs de premier plan tels que les

États-Unis et les Nations unies. Les ramifications des engagements de ces entités résonnent profondément, influençant à la fois les manœuvres militaires et les ouvertures diplomatiques visant à ressusciter la paix dans une région assiégée. Cette analyse se penche sur les effets multiples de l'engagement américain et des réponses de l'ONU dans le contexte complexe de la crise yéménite.

Le rôle des États-Unis

Dès le début du conflit yéménite, les États-Unis sont apparus comme une force centrale, apportant une aide indispensable à la coalition dirigée par l'Arabie saoudite qui s'oppose aux rebelles houthis. Cette assistance se matérialise sous diverses formes, notamment une vaste gamme de transferts d'armes, d'échanges de renseignements et de soutien logistique, qui contribuent tous à l'offensive de la coalition contre l'insurrection houthie. Parallèlement, les États-Unis ont mené des opérations ciblées par drone contre des agents d'Al-Qaida au Yémen, renforçant ainsi leur ancrage militaire et leur empreinte stratégique dans le pays.

L'engagement des États-Unis s'inscrit dans un cadre géostratégique plus large, qui vise principalement à contrebalancer l'influence iranienne et à atténuer le spectre du terrorisme dans la région. Les factions houthies, favorables à l'Iran, étant perçues comme des forces déstabilisatrices, elles représentent une menace considérable non seulement pour la stabilité du Yémen, mais aussi pour les paradigmes sécuritaires globaux défendus par les États-Unis et leurs alliés. Compte tenu de la menace persistante d'Al-Qaïda dans la péninsule arabique (AQAP), le Yémen est depuis longtemps au centre des initiatives américaines de lutte contre le terrorisme. Dans ce contexte, le soutien américain à la coalition saoudienne sert ses impératifs stratégiques.

Néanmoins, l'engagement des États-Unis a suscité une vive controverse. Ses détracteurs affirment que son soutien à la coalition dirigée par l'Arabie saoudite exacerbe la situation humanitaire désastreuse du Yémen, comme en témoignent les frappes aériennes qui font des victimes civiles et détruisent des infrastructures vitales. Les retombées humanitaires croissantes ont conduit à une escalade des appels pour que les États-Unis réévaluent leur rôle, en donnant la priorité à l'engagement diplomatique plutôt qu'à l'enracinement militaire. L'adoption par le Congrès de résolutions soulignant les préoccupations liées à la crise humanitaire et imposant des restrictions sur les ventes d'armes à l'Arabie saoudite témoigne d'un examen de plus en plus minutieux des politiques américaines dans la région.

En réaction à ces protestations, les États-Unis ont cherché à recalibrer leur approche, en mettant l'accent sur les initiatives diplomatiques et en encourageant la coopération multilatérale. L'administration Biden, en particulier, s'est efforcée de réévaluer les relations américano-saoudiennes, déclarant publiquement qu'elle cessait de soutenir les actions offensives au Yémen, ce qui constitue un tournant significatif vers une stratégie davantage axée sur le dialogue. La nomination d'un envoyé spécial pour le Yémen souligne la volonté d'élucider une résolution politique en vue d'instaurer une tranquillité durable dans ce pays assiégé.

Initiatives des Nations unies

Dans le même temps, les Nations unies ont joué un rôle central dans la médiation du conflit yéménite, en recherchant vigoureusement des voies diplomatiques de résolution. Le Conseil de sécurité des Nations unies a participé activement aux dialogues visant à orchestrer des accords de paix entre les factions en présence, en mettant l'accent sur la négociation de cessez-le-feu. Les Nations unies ont pris des initiatives pour faire face aux crises humanitaires urgentes, en orchestrant la distribution de l'aide et en plaidant pour la protection des civils au milieu de la tourmente.

Les efforts de l'ONU sont ancrés dans la résolution 2216 du Conseil de sécurité, qui appelle au rétablissement du gouvernement légitime du Yémen et à la cessation des hostilités des Houthis. Toutefois, la mise en œuvre de cette résolution s'est avérée herculéenne, entravée par des divisions bien ancrées et la pléthore de parties prenantes impliquées dans le conflit. Les défis logistiques liés à l'accès à l'aide humanitaire à travers le Yémen compliquent les déploiements de l'ONU, aggravés par les préoccupations concernant le détournement potentiel de l'aide par les factions rivales. Malgré des efforts sincères, les Nations unies se heurtent à des obstacles considérables pour établir un cadre de paix durable au Yémen. L'interaction complexe des intérêts régionaux et des dynamiques de pouvoir internes engendre un climat dans lequel l'obtention de traités globaux reste insaisissable. La capacité de médiation de l'organisation est continuellement entravée par la violence persistante et l'absence d'une plateforme cohésive pour un dialogue significatif.

Perspectives d'avenir

Alors que le conflit yéménite continue d'évoluer, les rôles influents joués par des puissances mondiales telles que les États-Unis et les Nations unies resteront déterminants dans la recherche d'une solution. La dualité de leurs contributions - à la fois constructives et préjudiciables - met en lumière les défis labyrinthiques inhérents à l'atténuation de la crise. À partir de là, il sera impératif de mettre l'accent sur les stratagèmes diplomatiques et les efforts collectifs à l'échelle mondiale afin de rendre le Yémen plus stable et, en fin de compte, de s'efforcer de créer un avenir exempt de souffrances prolongées.

Cette analyse s'est efforcée de fournir une exploration nuancée des implications émanant de l'implication des États-Unis et des initiatives de l'ONU dans le conflit yéménite. En comprenant l'influence de ces acteurs, il est possible d'acquérir une connaissance plus approfondie de la dynamique générale de cette crise, ce qui ouvre la voie à un engagement et à une résolution proactifs.

La convergence des intérêts et des interventions de ces entités mondiales a eu des répercussions dans la région et au-delà. L'alliance historique entre les États-Unis et l'Arabie saoudite est à la base de la participation américaine au conflit, où les intérêts sécuritaires et économiques continuent de façonner cette relation complexe. Cependant, l'évolution du paysage géopolitique et des priorités de Washington a conduit à une réévaluation de l'engagement des États-Unis au Yémen. On reconnaît de plus en plus la nécessité d'une approche plus équilibrée, qui donne la priorité aux droits de l'homme et au respect du droit international.

L'engagement de l'administration Biden à mettre fin au soutien des opérations offensives et à relancer les efforts diplomatiques représente un changement radical par rapport aux politiques précédentes, signalant une renaissance potentielle des stratégies d'engagement des États-Unis dans la région. Dans le même temps, les efforts des Nations unies pour assurer la médiation du conflit et améliorer la situation humanitaire ont mis en évidence les difficultés liées à la navigation dans un cadre multilatéral. La capacité de l'organisation à manœuvrer à travers le nœud alambiqué des intérêts locaux, régionaux et internationaux reste mise à l'épreuve de manière critique dans le contexte de la tourmente prolongée du Yémen.

Dans la perspective d'une résolution du conflit yéménite, la capacité des alliances mondiales à recalibrer leurs stratégies - en donnant la priorité au dialogue plutôt qu'à la militarisation - s'avérera essentielle. Pour réorienter le conflit vers une paix durable, il sera essentiel de s'attaquer à la débâcle humanitaire tout en favorisant un discours inclusif entre toutes les factions. Les rivalités géopolitiques, les dynamiques régionales et les luttes de pouvoir intrinsèques au Yémen amplifient l'urgence d'efforts multilatéraux unifiés, guidés par un engagement inébranlable en faveur des droits de l'homme et des statuts internationaux, afin d'ouvrir la voie à une stabilité durable.

En résumé, l'engagement d'acteurs mondiaux tels que les États-Unis et les Nations unies a profondément façonné le cours du conflit yéménite, avec des implications qui s'étendent bien au-delà de ses frontières. Le jeu complexe des interventions militaires, de l'action diplomatique et des initiatives humanitaires continue d'élucider les complexités de l'amélioration de cette crise tout en éclairant les voies potentielles d'un engagement constructif. Alors que le Yémen est aux prises avec les conséquences persistantes des interventions extérieures, il est essentiel de favoriser un dialogue inclusif, de respecter les normes internationales et de se concentrer sur le bien-être de la population yéménite pour façonner la trajectoire future de la nation.

Références

1. **Adebajo, Adekeye, et Daniel S. Makun.** *De la Libye au Yémen : Les Nations Unies et l'état fragile de la sécurité mondiale.* New York : Oxford University Press, 2021.

2. **Al-Hariri, Jamil.** *Le Yémen et les États-Unis : Response to the Crisis.* Londres : Routledge, 2019.

3. **Lynch, Marc.** *Le soulèvement arabe : Les révolutions inachevées du nouveau Moyen-Orient.* New York : PublicAffairs, 2012.

4. **Mabon, Simon.** *Arabie saoudite et Iran : Soft Power Rivalry in the Middle East.* Londres : I.B. Tauris, 2017.

5. **Watkins, Eric.** *Le Yémen : Une approche de l'économie politique.* Londres : Zed Books, 2018.

6. **Walters, William.** *Les Nations unies et la crise du Yémen : Une critique du rôle de l'ONU dans la politique mondiale.* New York : Palgrave Macmillan, 2020.

7. **Wehrey, Frederic.** *Les combats au Yémen : Une guerre sur plusieurs fronts.* Santa Monica, CA :

RAND Corporation, 2018.

8. **Zyck, Steven.** *Le conflit au Yémen : Le défi des interventions extérieures.* Washington, DC : Institut de la paix des États-Unis, 2019.

8

Stratégies militaires et résistance des Houthis

L'évolution militaire des Houthis

L'évolution des capacités militaires des Houthis est une illustration frappante des débuts du groupe, de sa maturation stratégique et de sa capacité d'adaptation dans un contexte de conflit tumultueux. Issus d'une faction rebelle des hauts plateaux du nord du Yémen, les Houthis ont méthodiquement élargi leur architecture militaire, leur leadership et leurs méthodes de combat au fil des ans. Leur structure de commandement hiérarchique incarne la fusion des dynamiques tribales traditionnelles et des tactiques de guérilla modernes, ce qui confère au groupe une agilité et une réactivité remarquables face à l'évolution constante des conditions du champ de bataille.

Nous essayons ici de disséquer les complexités du commandement houthi, en examinant les rôles, les responsabilités et les cadres de prise de décision qui sous-tendent leurs efforts militaires. L'interaction entre les liens tribaux et les branches militaires spécialisées met en évidence la résilience et la polyvalence de l'organisation face aux défis extérieurs.

Au-delà de leur organisation structurelle, les Houthis ont habilement intégré les techniques de guérilla aux stratégies militaires conventionnelles pour affronter les forces adverses. L'habileté du groupe à manœuvrer sur le terrain accidenté du Yémen et à tirer parti de l'environnement influe considérablement sur ses stratégies opérationnelles. L'émergence et le renforcement des capacités de cyberguerre illustrent les réponses innovantes des Houthis aux dimensions des conflits contemporains, en exploitant le levier technologique pour renforcer leur impact et perturber les opérations des entités adverses. Leur maîtrise des opérations psychologiques et de la propagande enrichit profondément la nature multiforme de leur évolution militaire, façonnant non seulement le paysage matériel de la bataille, mais influençant également les sentiments et les perceptions des ennemis et des populations locales.

Une enquête plus approfondie révèle les méthodes sophistiquées des Houthis pour répondre et s'adapter aux stratégies employées par la coalition dirigée par l'Arabie saoudite. Cet examen élucide la capacité du groupe à recalibrer ses tactiques et ses configurations organisationnelles en réaction à l'évolution des menaces extérieures, ce qui témoigne de son ingéniosité et de son intelligence stratégique. Une exploration méticuleuse des processus de recrutement, des méthodes d'entraînement et des pratiques d'intégration dans les rangs des Houthis donne des indications précieuses sur la durabilité et la croissance de leurs capacités militaires. L'analyse des engagements importants et des victoires stratégiques remportées par les Houthis souligne aussi leur efficacité opérationnelle et leur impact durable sur le théâtre complexe du conflit en cours au Yémen.

Structure organisationnelle et chaîne de commandement

L'architecture organisationnelle du mouvement houthi est encadrée par un système hiérarchique qui facilite un commandement et un contrôle efficaces de ses contingents militaires. Au sommet de cette structure se trouve le Conseil politique suprême, l'entité décisionnelle suprême qui supervise l'aile militaire, communément appelée la milice houthie. Ce leadership centralisé garantit une direction cohérente et des efforts coordonnés dans l'orchestration des opérations militaires. Sous le Conseil politique suprême, les commandants régionaux supervisent des secteurs géographiques distincts, exerçant leur autorité sur les unités locales tout en restant étroitement alignés sur la direction centrale afin de garantir que leurs stratégies reflètent les ambitions globales du mouvement houthi.

Au sein de cette hiérarchie organisationnelle, des factions spécialisées telles que la Garde républicaine d'élite et les Comités populaires jouent un rôle essentiel dans l'accroissement de l'efficacité militaire des forces houthies. La Garde républicaine, constituée de factions militaires loyalistes acquises à la cause houthie, est chargée de protéger les institutions essentielles et les fonctionnaires associés à la gouvernance houthie. En revanche, les Comités populaires opèrent comme une force paramilitaire de base, s'appuyant sur les communautés locales et renforçant la défense des territoires sous le contrôle des Houthis. Cette stratégie organisationnelle à multiples facettes renforce la résilience et l'adaptabilité des forces militaires houthies, leur permettant de faire face efficacement à des défis divers et évolutifs.

La structure de commandement met en évidence un mélange harmonieux de hiérarchies formelles et de mécanismes de prise de décision décentralisés. Cette approche tire parti de l'expertise locale et de l'engagement de la base, ce qui permet de réagir rapidement aux conditions fluctuantes du champ de bataille tout en préservant la cohérence globale des objectifs stratégiques. Grâce à cette souplesse organisationnelle, les forces houthies ont fait preuve d'une endurance et d'une résistance remarquables face aux contre-offensives lancées par leurs rivaux nationaux et leurs adversaires internationaux. Une compréhension approfondie des subtilités de la structure organisationnelle et de la chaîne de commandement des Houthis est essentielle pour saisir leurs prouesses militaires et leurs capacités d'adaptation.

Approches tactiques : Guérilla et batailles conventionnelles

Le mouvement Houthi a fait preuve d'une capacité impressionnante à employer à la fois des tactiques de guérilla et à s'engager dans des combats conventionnels, révélant ainsi sa capacité d'adaptation à toute une série de scénarios militaires. En exploitant le terrain accidenté du Yémen, les Houthis ont efficacement exécuté des opérations décentralisées, de type "hit-and-run", ciblant des lignes d'approvisionnement vulnérables et des avant-postes militaires isolés. Cette approche asymétrique leur permet de perturber constamment les capacités opérationnelles de leurs adversaires tout en maintenant une présence significative sur plusieurs fronts.

En plus de la guérilla, les Houthis ont démontré leur compétence dans les batailles conventionnelles lorsque cela s'avérait nécessaire. Leurs stratégies consistent souvent à positionner méticuleusement leurs forces, à tirer parti des avantages défensifs et à utiliser au mieux les armes d'origine locale. Faisant preuve d'une détermination et d'une résistance remarquables, les combattants houthis ont montré leur volonté d'opérer dans des conditions difficiles sur les lignes de front.

Dans le cadre de ces diverses stratégies opérationnelles, les forces houthies ont mélangé les tactiques de manière transparente, utilisant la guérilla pour générer de l'instabilité avant de passer à des engagements conventionnels aux moments opportuns. Cette fluidité dans leur approche maintient leurs adversaires en perpétuel déséquilibre, soulignant l'acuité stratégique des dirigeants militaires houthis.

Les Houthis ont habilement affiné leur capacité à s'adapter à la nature changeante du champ de bataille, en faisant un usage efficace des avancées technologiques et en intégrant des innovations locales dans leur arsenal. Leur capacité à combiner des stratégies de guérilla éprouvées avec des tactiques militaires bien établies pose des défis importants aux puissances régionales et aux acteurs internationaux qui cherchent à contrer leur influence croissante.

Cette double capacité dans les approches tactiques ne met pas seulement en évidence l'essence adaptative du mouvement Houthi mais injecte également une couche d'imprévisibilité dans le paysage du conflit, représentant un défi formidable pour toute entité tentant de contenir ou d'affronter leurs prouesses militaires.

Acquisition et innovations en matière d'armement

Le mouvement Houthi a réalisé des progrès notables en matière d'acquisition d'armement et d'innovation technologique, ce qui lui permet de représenter une menace substantielle pour ses rivaux. L'un des éléments fondamentaux de la stratégie militaire des Houthis réside dans leur capacité à se procurer et à développer un large éventail de systèmes d'armes, notamment des missiles balistiques, des véhicules aériens sans pilote (UAV) et des engins explosifs improvisés (EEI). Leur capacité à se procurer ou à fabriquer ces armements a suscité de vives inquiétudes parmi les acteurs régionaux et internationaux quant à l'ampleur du soutien extérieur et du transfert de technologie.

L'arsenal des Houthis comprend une variété de missiles balistiques à longue portée capables de frapper des cibles au plus profond de l'Arabie saoudite et des Émirats arabes unis, ce qui constitue une menace importante pour la stabilité régionale. Le développement et le déploiement tactique de drones pour la reconnaissance et les opérations offensives soulignent l'engagement du groupe à tirer parti de la technologie de pointe pour obtenir un avantage militaire. Cette évolution ne pose pas seulement un défi direct en matière de sécurité, mais mine également la supériorité militaire traditionnelle de leurs adversaires.

Les Houthis ont fait preuve d'une ingéniosité remarquable en adaptant des drones commerciaux à des missions offensives, ce qui représente une stratégie non conventionnelle mais efficace dans la guerre contemporaine. Ces tactiques innovantes obligent les adversaires à réévaluer leurs cadres de défense aérienne et à investir dans des systèmes de contre-drones, ce qui modifie l'équilibre des engagements aériens.

L'innovation et l'adaptation permanentes de l'armement du mouvement Houthi témoignent d'un niveau d'ingéniosité et de sophistication technique qui a surpris de nombreux analystes. Cette évolution nécessite une étude plus approfondie de l'accès des Houthis à l'expertise et à la technologie, ainsi que des canaux par lesquels ces capacités sont acquises et maintenues. La nature dynamique du conflit au Yémen, caractérisée par la prolifération d'armes de pointe et les tactiques inventives employées par les Houthis, exige une évaluation complète des implications plus larges pour la sécurité et la stabilité régionales. La résolution de ce problème implique une stratégie à multiples facettes englobant des efforts en matière de diplomatie, de renseignement et de contrôle des armements afin d'atténuer le risque d'une nouvelle escalade et d'une déstabilisation dans la région.

Utilisation du terrain et des connaissances locales

Le mouvement Houthi a fait preuve de prouesses exceptionnelles en tirant parti du relief particulier et des renseignements locaux du Yémen pour renforcer sa position stratégique. Le paysage montagneux et accidenté du pays constitue une défense naturelle que les Houthis ont utilisée efficacement tout au long de leurs opérations militaires. En tirant parti de la géographie difficile du Yémen, ils ont réussi à repousser et à contrer les assauts extérieurs, en particulier ceux de la coalition dirigée par l'Arabie saoudite, remportant ainsi des victoires notables.

La profonde compréhension qu'ont les Houthis des réseaux complexes d'affiliations et d'alliances tribales leur permet de naviguer et de manipuler les dynamiques locales, renforçant ainsi leur base de soutien et améliorant leur latitude opérationnelle. Cette intégration de la connaissance du terrain et des relations locales a considérablement renforcé la résilience et la capacité de survie des Houthis dans un environnement conflictuel complexe. Leur capacité à manœuvrer sans se faire repérer dans des paysages variés et à s'assurer l'allégeance des communautés locales a entravé la progression des forces ennemies tout en leur procurant des avantages tactiques.

L'expertise des Houthis dans l'utilisation du terrain

leur permet d'établir des itinéraires d'approvisionnement dissimulés et des réseaux de communication secrets, ce qui renforce encore leurs capacités opérationnelles. Leur choix stratégique de zones éloignées et isolées pour les camps d'entraînement et les centres logistiques leur permet d'opérer hors de portée des adversaires militaires conventionnels, ce qui complique les efforts visant à démanteler leur infrastructure militaire.

Dans l'ensemble, l'habileté des Houthis à naviguer dans la topographie variée du Yémen et à exploiter les renseignements locaux souligne leur remarquable capacité d'adaptation et leur ingéniosité dans la conduite d'une guerre asymétrique. L'analyse de leurs stratégies militaires exige une compréhension approfondie de ces éléments critiques, qui contribuent de manière significative à leurs succès opérationnels et à leur efficacité militaire durable dans un paysage conflictuel de plus en plus complexe.

Capacités cybernétiques et guerre de l'information

À l'ère du numérique, la guerre a transcendé les champs de bataille conventionnels pour s'étendre au cyberespace, où les rebelles houthis ont fait preuve d'une remarquable sophistication dans leurs capacités cybernétiques et leurs stratégies de guerre de l'information. L'application d'outils et de tactiques cybernétiques fait désormais partie intégrante des opérations militaires globales du mouvement Houthi. Nous accordons une attention particulière aux multiples facettes des activités cybernétiques des Houthis, en examinant les aspects offensifs et défensifs de leur arsenal technologique.

Les rebelles houthis ont utilisé efficacement une série de tactiques cybernétiques, notamment l'espionnage, les incidents de piratage et l'utilisation de logiciels malveillants pour recueillir des renseignements, perturber les communications de leurs adversaires et orchestrer des attaques coordonnées contre des adversaires ciblés. On ne saurait trop insister sur leur capacité à exploiter les plateformes de médias sociaux pour diffuser de la propagande et procéder à des manipulations psychologiques. À une époque marquée par la présence massive de plateformes en ligne, les Houthis ont habilement exploité ces canaux pour façonner des récits, influencer la perception du public et cultiver le soutien à leur cause, tant à l'intérieur qu'à l'extérieur du pays.

L'intégration de la guerre de l'information dans leur stratégie militaire globale permet la diffusion à grande échelle de contenus fabriqués ou manipulés visant à semer la discorde et la désinformation parmi les adversaires. Cette forme de guerre subtile mais efficace a non seulement brouillé les frontières entre la vérité et la tromperie, mais a également remis en question la crédibilité et la résistance des sources d'information établies. Les capacités cybernétiques raffinées des Houthis posent des défis importants à leurs adversaires, les obligeant à adapter leurs défenses contre les perturbations et les vulnérabilités potentielles. Leur agilité et leur compétence à naviguer dans les technologies émergentes et à exploiter les paysages numériques soulignent l'évolution de la dynamique des conflits contemporains.

L'interaction entre les tactiques militaires traditionnelles et la cyberguerre a fondamentalement remodelé le caractère des conflits armés, posant des défis complexes aux acteurs étatiques et aux organisations internationales qui s'efforcent de contrer des acteurs non étatiques tels que les rebelles houthis. Il est essentiel de comprendre les subtilités techniques du domaine cybernétique des Houthis pour appréhender l'ensemble de leurs capacités militaires, ce qui souligne la nécessité d'adopter une approche globale pour faire face aux multiples facettes de la guerre moderne.

Opérations psychologiques et efforts de propagande

Le mouvement Houthi a stratégiquement tiré parti des opérations psychologiques (PSYOP) et de la propagande pour façonner les perceptions des publics nationaux et internationaux. Dans leur quête d'influence, les Houthis ont utilisé un large éventail de plateformes médiatiques, notamment les médias sociaux, la télévision, la radio et la presse écrite, pour diffuser leurs messages. En exploitant efficacement ces forums, les Houthis ont propagé des récits conformes à leurs objectifs idéologiques et politiques, dans le but de rallier des soutiens, de semer la discorde et de saper le moral de leurs adversaires.

La sophistication de leurs tactiques de guerre de l'information est illustrée par la création d'un contenu visuel convaincant, de messages persuasifs et d'une synchronisation stratégique des communications pour un impact maximal. Cette approche multiforme a permis aux Houthis de construire des récits qui divergent souvent de la réalité sur le terrain, tissant un réseau complexe de désinformation et de mésinformation. L'appareil de propagande des Houthis a habilement exploité les thèmes de la peur, du symbolisme religieux et des griefs historiques, trouvant un écho profond auprès des publics cibles et amplifiant leur attrait.

L'utilisation d'une rhétorique suscitant la peur et la diabolisation des forces adverses ont galvanisé leurs partisans tout en dissuadant les dissidents potentiels dans leurs rangs. L'orchestration méticuleuse des opérations psychologiques a permis aux Houthis d'exercer une influence sur l'opinion publique, favorisant ainsi la réalisation de leurs objectifs stratégiques au Yémen et au-delà. Cette influence va au-delà de la manipulation des sentiments et englobe les efforts de recrutement et d'endoctrinement, contribuant ainsi à la radicalisation de certains segments de la population.

Ces activités sont exécutées avec précision pour

renforcer le contrôle des Houthis sur les structures du pouvoir tout en perpétuant leur résistance aux pressions extérieures. Par conséquent, la propagande est un élément essentiel de la stratégie de guerre asymétrique des Houthis, étroitement liée à leurs manœuvres militaires et géopolitiques. Cette approche adaptative et multiforme illustre l'habileté du mouvement Houthi à exploiter les vulnérabilités psychologiques et émotionnelles de son public cible, en remodelant fondamentalement les perceptions, les croyances et les comportements pour les mettre au service de son programme général. Il est essentiel de bien comprendre les opérations psychologiques des Houthis pour apprécier la dynamique du conflit yéménite et le paysage régional.

Adaptation aux tactiques de la coalition dirigée par l'Arabie saoudite

Confronté à l'intervention militaire intense de la coalition dirigée par l'Arabie saoudite au Yémen, le mouvement houthi a fait preuve d'une résistance et d'une adaptabilité remarquables face aux tactiques déployées contre lui. Les offensives aériennes et terrestres de la coalition, qui visent à démanteler les forces houthies et à rétablir le gouvernement internationalement reconnu, ont posé d'importants problèmes aux insurgés. Néanmoins, les Houthis ont toujours fait preuve d'agilité en recalibrant leurs stratégies et leurs tactiques à la lumière des opérations militaires de la coalition.

L'une des pierres angulaires de l'adaptation des Houthis a été le développement de tactiques asymétriques conçues pour contrer la puissance de feu et les ressources supérieures de la coalition. Cette approche non conventionnelle comprend le déploiement d'embuscades, de manœuvres d'infiltration et de tactiques de guérilla urbaine, qui se sont toutes révélées efficaces pour neutraliser les avantages technologiques de la coalition. Les Houthis ont astucieusement tiré parti de leur connaissance intime du terrain et des communautés locales pour échapper aux bombardements aériens et aux incursions terrestres, prolongeant ainsi le conflit et sapant le moral de la coalition.

Outre l'adaptation tactique, les Houthis ont fait preuve d'une résilience considérable malgré les bombardements aériens intensifs et le ciblage sophistiqué de la coalition. En dispersant leurs forces, en camouflant leurs moyens militaires et en fortifiant leurs positions clés, les Houthis ont atténué l'impact de la campagne aérienne de la coalition, ce qui leur a permis de poursuivre leurs opérations dans des territoires contestés. Leur utilisation intensive de réseaux souterrains et d'itinéraires d'approvisionnement complexes leur a également permis de répondre à leurs besoins logistiques malgré les efforts agressifs de la coalition pour perturber leurs lignes de communication et d'approvisionnement.

Les Houthis ont amélioré leurs capacités de défense

aérienne pour faire face à la suprématie aérienne de la coalition. Grâce à l'acquisition et à la modification de systèmes antiaériens, notamment de missiles sol-air tirés à l'épaule, les Houthis ont constitué une menace importante pour les aéronefs de la coalition, ce qui a nécessité des ajustements dans les protocoles opérationnels de la coalition et a accru les risques pour leurs pilotes et leurs moyens.

Les insurgés houthis ont adopté une stratégie globale visant à saper le soutien régional de la coalition et à briser l'unité de ses membres. Par le biais d'actions diplomatiques, de campagnes médiatiques et d'actions par procuration ciblées au-delà des frontières du Yémen, les Houthis ont cherché à exploiter les divisions et les faiblesses existantes parmi les partenaires de la coalition, compliquant ainsi la viabilité des objectifs militaires de la coalition au Yémen.

En résumé, l'adaptation du mouvement Houthi aux tactiques de la coalition dirigée par l'Arabie saoudite reflète un mélange de flexibilité, d'innovation et d'ingéniosité. Leur capacité à résister et à contrer une pression militaire importante souligne la complexité et la nature prolongée du conflit, tout en signalant la détermination durable des insurgés houthis à défendre leurs gains territoriaux et à faire face aux interventions extérieures.

Conscription, formation et intégration des nouvelles recrues

Les méthodes de conscription, d'entraînement et d'intégration des nouvelles recrues constituent un élément fondamental du cadre militaire du mouvement houthi. Examinons donc les processus systématiques employés par les Houthis pour renforcer leurs forces armées et maintenir leur résistance dans un conflit prolongé.

La conscription de nouveaux combattants implique une procédure de sélection rigoureuse destinée à identifier les individus qui font preuve d'engagement envers la cause houthie et qui possèdent les qualités physiques et psychologiques requises pour le combat. Les recrues subissent un endoctrinement idéologique complet qui met l'accent sur les principes et les objectifs du mouvement. Cette formation idéologique favorise un profond sentiment de loyauté et de zèle parmi les recrues, cultivant un but collectif et une détermination inébranlable.

Au-delà du conditionnement idéologique, le régime d'entraînement englobe le conditionnement physique, le maniement des armes et les manœuvres tactiques. Les recrues apprennent les tactiques de guerre asymétrique, en mettant l'accent sur la mobilité, les stratégies d'embuscade et l'utilisation efficace de la couverture naturelle pour échapper à la détection de l'ennemi. L'intégration minutieuse des

nouvelles recrues dans les unités de combat existantes est menée avec précision, garantissant la cohésion et la synergie entre les combattants. Les commandants expérimentés jouent un rôle essentiel en
transmettant la sagesse du combat et en inculquant
la discipline, tandis que les nouvelles recrues suiv-
ent leurs homologues chevronnés afin d'acquérir des
connaissances pratiques grâce au mentorat et à des
expériences concrètes. Cette approche permet non
seulement d'améliorer la préparation au combat, mais
aussi d'assurer une assimilation en douceur dans la
hiérarchie établie.

Le mouvement houthi accorde la priorité au
développement d'un solide esprit de corps dans ses
rangs. Les rituels et les cérémonies favorisent la ca-
maraderie et l'allégeance, ce qui permet de tisser des
liens solides au sein de la communauté militante. La
préparation psychologique est tout aussi essentielle,
car elle permet d'acclimater les recrues aux sombres
réalités du conflit et aux sacrifices requis par leur
cause. L'accent est mis sur la force d'âme, la résilience
et l'attachement indéfectible à l'idéologie houthie,
ainsi que sur l'exploration du contexte géopolitique
plus large dans lequel s'inscrit leur combat. Ce récit
met l'accent sur les injustices perçues comme étant
infligées par des forces extérieures, ce qui galvanise
encore davantage la détermination des recrues.

Les processus de recrutement et de formation
sont étroitement liés à l'appareil de propagande des
Houthis, où les thèmes du martyre et de l'héroïsme
sont continuellement renforcés. L'héritage des mar-

tyrs sert d'outil narratif puissant, inspirant les aspirants recrues et vénérant les sacrifices des camarades tombés au combat. Grâce à cette approche à multiples facettes, le mouvement houthi maintient une force militaire idéologique, résistante dans l'adversité et déterminée à défendre sa vision.

Études de cas de batailles clés et de victoires stratégiques

Notre objectif ici est de mettre en lumière des batailles spécifiques et des victoires stratégiques remportées par les forces houthies, donnant ainsi un aperçu de leurs capacités militaires et de leur capacité d'adaptation face à des défis considérables.

La bataille de Sana'a

Nous commencerons par une analyse de la bataille de Sana'a, où les Houthis ont fait preuve d'un remarquable amalgame de tactiques de guerre urbaine et de coordination, ce qui leur a permis de s'emparer de la capitale yéménite. Cette étude de cas met en évidence l'habileté des Houthis à naviguer dans des environnements urbains complexes, en employant des stratégies de guerre asymétrique avec une efficacité remarquable. Leur capacité à manœuvrer dans des zones densément peuplées, en tirant parti de l'effet de surprise et du soutien des civils, s'est avérée cruciale pour la prise de contrôle de la ville.

La défense de Hodeidah

Ensuite, nous étudierons la défense réussie de Hodeidah contre les forces pro-gouvernementales et la coalition dirigée par l'Arabie saoudite. Ce cas mettra en lumière l'utilisation habile par les Houthis de positions défensives fortifiées et leur résistance face à des sièges prolongés et à des bombardements aériens incessants. Le rôle essentiel du soutien local et la capacité des Houthis à mobiliser les ressources civiles seront également mis en lumière, illustrant la relation synergique entre les combattants et les communautés qu'ils protègent.

La bataille de Marib

Nous examinerons ensuite la bataille de Marib, qui nous donnera un aperçu des opérations offensives menées par les Houthis sur un terrain désertique difficile. L'analyse des décisions stratégiques prises par les dirigeants houthis et de la souplesse tactique dont ont fait preuve les commandants de première ligne permettra de tirer de précieux enseignements sur la guerre asymétrique moderne.

Raids transfrontaliers en Arabie Saoudite

Nous étudierons également les raids et incursions transfrontaliers effectués par les forces houthies sur le territoire saoudien, illustrant leur capacité à projeter leur puissance au-delà des frontières yéménites et à infliger des pertes significatives à l'armée saoudienne et à son infrastructure. Cette étude de cas mettra en évidence la portée géographique et l'ambition des forces houthies, ainsi que les répercussions sur la dynamique de la sécurité régionale.

Attaques de missiles et de drones contre les infrastructures saoudiennes

Enfin, nous examinerons de près les attaques de missiles et de drones menées par les Houthis contre des infrastructures critiques en Arabie saoudite. Cet examen élucidera les capacités technologiques avancées et les méthodes de ciblage précises employées par les forces armées houthies, qui ont posé des défis considérables aux systèmes de défense saoudiens.

Grâce à ces études de cas approfondies, nous visons à fournir de riches informations sur les stratégies et les réalisations militaires des Houthis, permettant aux lecteurs de cultiver une compréhension nuancée de l'efficacité opérationnelle et de la résilience du groupe dans le conflit en cours. Chaque bataille illustre non seulement les prouesses tactiques des forces houthies, mais aussi leurs stratégies d'adaptation en réponse à l'évolution de la dynamique militaire, soulignant ainsi les complexités inhérentes à la guerre contemporaine.

Références

1. **Al-Hariri, Jamil.** *Les Houthis : Une histoire politique et militaire.* Londres : I.B. Tauris, 2021.

2. **Al-Sakkaf, Mohammed.** *Le mouvement Houthi au Yémen : La politique, la guerre et l'avenir du Yémen.* New York : Oxford University Press, 2020.

3. **Mabon, Simon.** *La résilience des Houthis au Yémen : A Social Movement Analysis.* Londres : Hurst & Company, 2019.

4. **Wehrey, Frederic.** *Les combats au Yémen : Une guerre sur plusieurs fronts.* Santa Monica, CA : RAND Corporation, 2018.

5. **Heller, Mark.** *Guerre et économie politique au Moyen-Orient : The Houthis, U.S. Strategy, and Yemen's Future.* Abingdon, Royaume-Uni : Routledge, 2020.

6. **Al-Maamari, Aseel.** *La montée des Houthis : Stratégies et tactiques au milieu du conflit.* Londres : Authored Futures, 2021.

7. **Sullivan, David.** *La crise au Yémen : Stratégies*

militaires et résilience des Houthis. New York : Routledge, 2019.

8. **Mansour, Nabil.** *Les Houthis : Inside a Yemeni War in the Age of Global Conflicts*. New York : Columbia University Press, 2022.

9

Les conséquences du conflit: dévastation pour les civils yéménites

La crise humanitaire désastreuse au Yémen : Un examen approfondi

Le conflit prolongé au Yémen a fait payer un tribut effroyable à la population civile, engendrant une angoisse et des tribulations considérables. La catastrophe humanitaire qui se déroule actuellement au Yémen est exceptionnelle, car des millions de person-

nes sont confrontées à une grave pénurie alimentaire,
à un accès insuffisant à l'eau potable, aux soins de
santé et aux produits de première nécessité, sans
compter qu'elles ont été chassées de chez elles. Dans
ce chapitre, nous examinerons les profondes ramifications du conflit sur les civils yéménites et le coût
humain stupéfiant de cette guerre implacable.

Les hostilités ont fait de nombreuses victimes
civiles, les frappes aériennes et les tirs d'artillerie
aveugles ayant fait un nombre impressionnant de
morts et de blessés. Le ciblage délibéré des infrastructures civiles, telles que les hôpitaux, les établissements d'enseignement, les marchés et les services essentiels, a aggravé la situation de la population yéménite. La prévalence pernicieuse des mines
terrestres et des munitions non explosées a créé un
risque chronique et aigu pour la sécurité des civils, les
enfants étant de manière disproportionnée susceptibles d'être blessés et tués.

L'imposition de blocus et de restrictions strictes
à l'importation a abouti à de graves privations de
produits vitaux, notamment de nourriture et de
fournitures médicales, catapultant des millions de
Yéménites au bord du précipice de la famine et détéri-
orant encore davantage un paysage humanitaire déjà
catastrophique. La pénurie d'eau potable et d'installations sanitaires a précipité la résurgence de maladies
évitables, telles que le choléra et la dengue, intensifiant la détresse des civils.

Alors que le conflit perdure, la désintégration des
infrastructures critiques a compromis la fourniture de

services essentiels, privant les civils d'accès aux soins de santé, à l'eau potable et à l'éducation. Les installations sanitaires ont été endommagées ou détruites, privant les personnes d'interventions médicales essentielles et exacerbant les effets de maladies et de blessures traitables. La pénurie d'eau potable et de moyens d'assainissement adéquats a facilité la prolifération des maladies d'origine hydrique, imposant une pression supplémentaire sur un système de santé assiégé.

La guerre a également provoqué des déplacements massifs, forçant les familles à abandonner leurs maisons à la recherche d'un refuge et d'une sécurité. D'innombrables personnes déplacées à l'intérieur du pays vivent dans des conditions de surpeuplement et d'insalubrité, ce qui les rend plus vulnérables à l'exploitation, aux abus et aux traumatismes psychologiques. Les femmes, les enfants et les personnes âgées sont particulièrement sensibles aux réalités brutales de la dislocation, et sont souvent confrontés à des incidences accrues de violence sexiste, de trafic et d'exploitation.

Le bilan psychologique du conflit sur la population yéménite est profond et durable. La menace omniprésente de la violence, le deuil et la lutte incessante pour la survie ont traumatisé de nombreuses personnes et ont eu des répercussions durables sur la santé mentale et le bien-être général. Les enfants, en particulier, ont beaucoup souffert des ravages de la guerre, confrontés à une éducation perturbée, à des risques physiques et à des cicatrices psychologiques dues à une existence imprégnée de violence et d'instabilité. Cette grave crise humanitaire souligne l'urgence d'une résolution diplomatique du conflit et d'un engagement concerté pour alléger les souffrances des civils. L'aide humanitaire et l'accès aux produits de première nécessité doivent être prioritaires, en exigeant de tous les combattants qu'ils respectent les règles du droit international humanitaire afin de protéger les civils et de préserver l'infrastructure des non-combattants.

Malgré les efforts incessants des organisations humanitaires, l'énormité et la complexité de la crise continuent de poser de formidables défis. L'accès limité et les appréhensions en matière de sécurité entravent l'acheminement de l'aide à ceux qui en ont cruellement besoin, exacerbant ainsi les souffrances de la population yéménite. La rareté des fonds alloués aux efforts humanitaires complique encore l'entreprise consistant à répondre aux besoins vastes et urgents, en étirant les ressources jusqu'à leurs limites et en restreignant l'ampleur de l'assistance.

Le conflit a perturbé les services essentiels, notamment les soins de santé et l'éducation, car les infrastructures restent endommagées ou hors d'usage. Le personnel médical s'efforce de fournir des soins adéquats en raison de la pénurie de fournitures et de l'afflux massif de patients nécessitant une attention particulière. Les établissements d'enseignement ont fermé leurs portes, privant les enfants de leur droit d'apprendre et perpétuant un cycle d'instabilité et de perte de potentiel.

La confluence de la malnutrition, de la maladie, du déplacement et de la détresse psychologique tisse une tapisserie complexe de défis pour les civils au Yémen, entravant leur capacité à reconstituer leur vie et à envisager un avenir meilleur. Le cycle sans fin de l'angoisse, perpétué par le conflit, appelle à un engagement urgent et soutenu de la part de la communauté internationale pour soulager la détresse du peuple yéménite et œuvrer en faveur d'une paix durable dans la région.

Malgré les ravages de la guerre, la contribution des femmes et des enfants à la société yéménite reste primordiale. Les femmes et les filles sont confrontées à des risques accrus de violence sexiste, d'exploitation et d'accès limité aux ressources et aux soins de santé essentiels. Parallèlement, les enfants, qui constituent un groupe démographique important touché par le conflit, sont confrontés à des perturbations dans leur éducation, à des traumatismes et aux conséquences désastreuses de la malnutrition et des maladies évitables. Ces difficultés sont exacerbées par l'absence de mesures de protection et d'opportunités pour les éléments les plus vulnérables de la société yéménite.

La désintégration du système de santé du Yémen a exacerbé les souffrances des civils, en limitant fortement l'accès aux services médicaux et aux médicaments essentiels. Les maladies chroniques ne sont pas prises en charge et les maladies évitables ne sont pas traitées, ce qui entraîne une misère gratuite et des pertes de vies humaines. La santé des mères et des nourrissons est particulièrement compromise, avec des taux de mortalité maternelle et infantile alarmants, imputables à l'insuffisance des infrastructures de santé et à la pénurie d'accoucheuses qualifiées.

Les répercussions psychologiques du conflit en cours sur les civils yéménites sont trop importantes pour être négligées. L'exposition continue à la violence, à la perte et à l'adversité a laissé de nombreuses personnes aux prises avec des traumatismes profonds, l'anxiété et la dépression. Les services de santé mentale et le soutien psychosocial font cruellement défaut, ce qui prive de nombreuses personnes des moyens de guérir leurs blessures psychologiques et de reconstruire leur résilience dans un contexte de difficultés persistantes.

Outre les conséquences immédiates de la guerre, les implications à long terme pour la société yéménite suscitent de vives inquiétudes. La désorganisation des établissements d'enseignement, la perte des moyens de subsistance et l'érosion de la cohésion communautaire auront des répercussions durables sur le développement et la stabilité du pays. La perspective d'une génération perdue, privée d'opportunités éducatives, souligne l'urgence de s'attaquer aux causes sous-jacentes du conflit et d'atténuer ses effets durables.

Malgré cette souffrance monumentale, la résilience et la force d'âme du peuple yéménite perdurent. Les communautés se sont rassemblées pour se soutenir mutuellement, tandis que les organisations locales s'efforcent avec passion de fournir de l'aide et des secours à ceux qui en ont besoin. Néanmoins, l'énormité de la crise nécessite une intervention internationale soutenue et globale pour soulager les souffrances et s'attaquer aux causes fondamentales du conflit.

Références

1. **Al-Awami, Nayef.** *La guerre civile au Yémen : crise humanitaire et effets sur les civils.* Oxford : Oxford University Press, 2021.

2. **Al-Hariri, Jamil.** *Yémen : La guerre oubliée et son coût humain.* Londres : Routledge, 2018.

3. **Ryan, Helen.** *La crise humanitaire au Yémen : The Toll of War on Civilians (Le prix de la guerre pour les civils).* New York : Zed Books, 2020.

4. **McCauley, Rachel.** *L'impact de la guerre du Yémen sur la vie civile : Perspectives et témoignages.* Seattle : University of Washington Press, 2019.

5. **Griffiths, Aidan.** *Après la guerre : les conséquences humanitaires du conflit au Yémen.* Washington, DC : United States Institute of Peace Press, 2021.

6. **Hounshell, Blake.** *Civils au Yémen : Stories of*

Struggle and Survival amid Conflict. Londres : I.B. Tauris, 2020.

7. **Hildebrand, Joseph.** *La dévastation du Yémen :* A *Humanitarian Perspective on the War*. Abingdon, Royaume-Uni : Routledge, 2022.

8. **Weiss, David.** *La crise du Yémen : Le bilan humain et l'avenir*. New York : Columbia University Press, 2020.

10

Administration et services publics dans les territoires contrôlés par les Houthis

Naviguer dans le labyrinthe de la gouvernance au Yémen contrôlé par les Houthis

Dans les territoires gouvernés par les Houthis au Yémen, la gestion et la fourniture des services publics révèlent un labyrinthe de défis et de complexités.

Depuis que le mouvement Houthi, connu officiellement sous le nom d'Ansar Allah, a pris le contrôle de la
capitale yéménite, Sanaa, en 2014, il a étendu sa domination sur des pans entiers du pays. Par conséquent,
ils assument désormais la responsabilité de gouverner
et de fournir des services essentiels à la population
civile de ces régions.

La structure administrative dans les zones dominées par les Houthis est définie par le Conseil politique suprême, qui fait office d'autorité gouvernementale de facto. Cette entité est chargée de prendre des décisions cruciales et supervise une myriade d'organes administratifs. Le mouvement a institué
des cadres de gouvernance locaux, notamment des
conseils et des comités, pour répondre aux besoins
quotidiens des communautés.

Dans le domaine des services publics, l'administration Houthi se heurte à des obstacles considérables
pour fournir des équipements et des infrastructures
de base. Les conflits en cours au Yémen ont gravement
perturbé les services vitaux tels que les soins de santé, l'éducation et l'approvisionnement en eau potable.
Malgré ces difficultés, les autorités houthies s'efforcent de maintenir ces services, souvent limitées par
des ressources restreintes et les blocages rigoureux
imposés par des entités extérieures.

L'efficacité opérationnelle du système de santé est
une préoccupation majeure dans les régions contrôlées par les Houthis. Les hôpitaux et les installations médicales ont été considérablement affaiblis par
la persistance du conflit, ce qui a entraîné de graves

pénuries de médicaments et de fournitures médicales essentielles. L'administration houthie s'efforce de remédier à ces problèmes en établissant des partenariats avec des organisations d'aide internationale et en sollicitant le soutien des pays alliés. Cependant, malgré ces initiatives, le système de santé reste assiégé et les civils subissent des insuffisances généralisées en matière de soins médicaux.

Le paysage de l'éducation reflète une autre facette pénible de la vie dans les territoires gouvernés par les Houthis. Le conflit en cours a interrompu l'éducation d'innombrables enfants, ce qui a incité les autorités houthies à prendre des mesures pour préserver l'accès à la scolarité en rouvrant les établissements d'enseignement, en fournissant du matériel pédagogique et en formant les éducateurs. Des efforts ont également été déployés pour freiner la prolifération de la désinformation et des idéologies extrémistes dans le cadre de l'éducation. Malheureusement, les établissements d'enseignement restent largement sous-financés, ce qui empêche de nombreux enfants de bénéficier d'un apprentissage de qualité.

L'accès à l'eau potable et à l'assainissement apparaît comme une question urgente. Le conflit a fait des ravages dans les infrastructures hydrauliques, précipitant à la fois les pénuries et la contamination des réserves d'eau. L'administration Houthi a pris des initiatives pour améliorer l'accès à l'eau potable, en se concentrant sur la réparation et l'entretien des installations existantes, tout en lançant des programmes de sensibilisation à l'hygiène et à l'assainissement afin de contrecarrer la propagation des maladies d'origine hydrique. Néanmoins, la pénurie de ressources, associée aux hostilités en cours, continue de faire obstacle à des améliorations durables dans ce domaine essentiel. Reconnaissant la nature essentielle d'une économie qui fonctionne, l'administration houthie a institué des comités économiques et des organisations chargées de gérer les questions financières afin de préserver la continuité des entreprises et des services. Des mesures visant à stabiliser la monnaie locale et à atténuer l'impact de l'inflation sur la population ont également été mises en place. Néanmoins, les difficultés économiques persistent, avec une pauvreté généralisée et un chômage endémique qui affectent la communauté.

Le mouvement Houthi a fait l'objet d'un examen minutieux et d'allégations concernant le détournement de l'aide humanitaire, la manipulation de la distribution de l'aide locale et le recrutement d'enfants soldats. Répondre à ces graves préoccupations et assurer l'acheminement judicieux et transparent de l'aide représentent des défis importants pour l'administration contrôlée par les Houthis.

Les dynamiques politiques complexes, associées à l'implication d'acteurs régionaux et internationaux, dont l'Arabie saoudite et l'Iran, compliquent encore la gestion et la fourniture des services publics dans les territoires dominés par les Houthis. Les ramifications de l'intervention extérieure sur la gouvernance et la fonctionnalité des services publics nécessitent un examen minutieux.

En résumé, l'administration contrôlée par les Houthis a fait preuve d'une résistance remarquable dans ses efforts pour gouverner et subvenir aux besoins de la population en dépit de difficultés considérables. La nécessité d'un soutien et d'une collaboration internationale pour remédier à la situation humanitaire dans ces régions reste pressante. En l'absence d'une assistance continue et d'efforts sérieux pour résoudre le conflit sous-jacent, la population civile des territoires contrôlés par les Houthis continuera d'endurer de profondes tribulations.

Des initiatives récentes ont cherché à cultiver et à promouvoir les initiatives culturelles et sociales. Le mouvement Houthi a donné la priorité à la sauvegarde du patrimoine yéménite, en organisant des événements culturels et en soutenant l'art et l'artisanat traditionnels. L'accent a été mis sur les programmes sociaux destinés aux groupes démographiques vulnérables, en particulier les femmes et les enfants. En intégrant les dimensions culturelles et sociales dans son administration, le mouvement Houthi aspire à favoriser un sentiment d'identité nationale et de résilience communautaire dans l'adversité.

Ces dernières années, l'administration contrôlée par les Houthis a également dû relever le formidable défi de la lutte contre la pandémie de COVID-19. Le système de santé, déjà mis à mal par le conflit, a été encore plus éprouvé par les répercussions de la pandémie. Les autorités houthies ont pris des mesures pour freiner la propagation du virus, en sensibilisant la population à la santé publique, en renforçant les capacités de dépistage et en mettant en place des installations de quarantaine. Cependant, la pandémie a exacerbé les problèmes de santé préexistants et souligné la nécessité urgente d'une aide internationale pour faire face à la crise de santé publique dans les territoires contrôlés par les Houthis.

Il est impératif de reconnaître les efforts de l'administration Houthi pour répondre aux besoins complexes de sa population, malgré les obstacles considérables auxquels elle est confrontée. Au fur et à mesure du déroulement du conflit, la capacité d'adaptation et de réaction de l'administration à l'évolution des défis sera déterminante pour atténuer les souffrances des civils et maintenir les services publics essentiels. L'engagement et le soutien de la communauté internationale dans ces efforts sont essentiels pour atténuer la crise humanitaire et faciliter la reconstruction et le redressement des zones dominées par les Houthis.

Références

1. **Al-Akwa, Samir.** *Pratiques administratives dans le Yémen contrôlé par les Houthis : Gouvernance et prestation de services.* Oxford : Oxford University Press, 2022.

2. **Al-Hariri, Jamil.** *Services publics au Yémen : Houthi Governance in a Time of Crisis.* Londres : Routledge, 2021.

3. **Mabon, Simon.** *Gouvernance et défis économiques dans les zones du Yémen contrôlées par les Houthis.* New York : I.B. Tauris, 2020.

4. **Zarif, Hiba.** *State Building in Conflict : Houthi Administration in Yemen.* Santa Monica, CA : RAND Corporation, 2019.

5. **McGowan, Sarah.** *L'administration publique dans les régions dirigées par les Houthis : Moving Beyond Military Governance.* New York : Palgrave Macmillan, 2020.

6. **Nasser, Ahmed.** *Service Provision in a Time of War : The Houthi Experience in Yemen (Prestation de services en temps de guerre : l'expérience des Houthis au Yémen).* Londres : Zed Books, 2022.

7. **Bahrani, Rashid.** *Civil Society and Governance in Houthi-Controlled Areas of Yemen (Société civile et gouvernance dans les zones contrôlées par les Houthis au Yémen).* Abingdon, Royaume-Uni : Routledge, 2021.

8. **Dahl, Sarah.** *La gouvernance des Houthis : Une étude de l'administration et des services publics au Yémen.* New York : Columbia University

Press, 2023.

II

Analyse comparative : le Hezbollah, le Hamas et les Houthis

Analyse comparative des groupes militants : Hezbollah, Hamas et Houthis

La dissection comparative de factions militantes telles que le Hezbollah, le Hamas et les Houthis offre un aperçu essentiel des subtilités des conflits régionaux et des stratagèmes à multiples facettes utilisés par ces entités. Ce discours vise à présenter un examen approfondi des cadres historiques et de la genèse de ces organisations, en mettant en lumière les conditions qui ont favorisé leur création et leur évolution. En sondant leurs trajectoires historiques, nous aspirons à mettre en évidence les événements marquants, les transformations idéologiques et les catalyseurs externes qui ont sculpté leurs identités et leurs ambitions. Une analyse de la toile de fond historique élucide l'interaction complexe des éléments politiques, sociétaux et religieux qui ont dicté les voies uniques tracées par ces groupes.

Il est essentiel de comprendre les antécédents historiques de ces organisations pour discerner la métamorphose de leurs tactiques, de leurs alliances et de leurs méthodes d'engagement avec les parties prenantes nationales et internationales. C'est pourquoi nous analyserons méticuleusement les récits fondateurs associés à des points critiques qui ont délimité les trajectoires du Hezbollah, du Hamas et des Houthis. Cela prépare le terrain pour une exploration comparative approfondie de leurs positions, capacités et rôles contemporains dans le cadre géopolitique élargi.

Grâce à un examen holistique de leurs contextes historiques et de leurs étapes de formation, ce chapitre s'efforce de favoriser une appréciation nuancée des dynamiques divergentes inhérentes à chaque organisation, tout en mettant en lumière les interconnexions et les modèles parallèles susceptibles d'éclairer les évaluations stratégiques et la formulation des politiques. En découvrant les origines et les trajectoires historiques de ces groupes, nous visons à jeter les bases d'une évaluation comparative complète de leurs idéologies respectives, de leurs cadres structurels et de leurs ramifications régionales et internationales.

Contexte historique et formation

Le milieu historique et l'évolution du Hezbollah, du Hamas et des Houthis sont profondément ancrés dans les paysages sociopolitiques de leurs territoires respectifs. Une compréhension approfondie de leur contexte historique est indispensable pour saisir leurs idéologies, leurs objectifs stratégiques et leurs méthodologies opérationnelles. Le Hezbollah, qui a vu le jour au début des années 1980, est un parti politique et un groupe militant islamiste chiite au Liban, dont l'émergence a été catalysée par l'invasion israélienne du territoire libanais. Initialement conçu comme une faction de résistance à l'incursion étrangère, le Hezbollah a rapidement obtenu un soutien substantiel de la part de la population chiite locale, amplifiant progressivement son influence au sein de l'arène politique fragmentée du Liban. Son développement remonte à la guerre civile libanaise, au cours de laquelle il est passé d'une milice à un parti politique pleinement constitué, illustrant un amalgame unique de ferveur religieuse et d'opposition armée.

À l'inverse, le Hamas, entité islamiste sunnite opérant principalement dans les territoires palestiniens, a été créé en 1987 dans la ferveur de la première Intifada, s'opposant à la domination israélienne.

Avec l'objectif résolu d'instituer un État islamique dans les limites historiques de la Palestine, l'émergence du Hamas a été une répudiation directe des insuffisances manifestées par les mouvements nationalistes laïques dans la poursuite des droits des Palestiniens. Dans un premier temps, il s'est imposé grâce à ses initiatives de protection sociale et à sa résistance résolue contre les forces israéliennes ; par la suite, le Hamas s'est engagé dans les élections législatives palestiniennes, consolidant ainsi sa stature politique.

Le mouvement Houthi, communément appelé Ansar Allah, est né au début des années 1990 dans le nord du Yémen, sous la direction de Hussein Badreddin al-Houthi. Représentant la minorité chiite zaïdite, les Houthis ont d'abord réagi à la discrimination et à la marginalisation systémiques imposées par l'autorité centrale. Leur évolution d'une insurrection localisée à une force redoutable défiant l'État yéménite est attribuable à des affiliations tribales complexes et à des tensions sectaires, associées à un mécontentement généralisé face à la privation des droits économiques et à l'exclusion politique. Une compréhension globale des parcours historiques et des expériences fondatrices de ces mouvements est essentielle pour mettre au jour leurs fondements sociopolitiques et faciliter une analyse comparative de leurs trajectoires.

Fondements et objectifs idéologiques

Les fondements idéologiques et les aspirations du Hezbollah, du Hamas et des Houthis sont profondément ancrés dans un ensemble de contextes historiques, religieux et géopolitiques. Il est essentiel de saisir ces dimensions pour élucider les motivations et les ambitions qui animent ces mouvements. Le Hezbollah est né en tant que parti politique islamiste chiite et organisation militante au Liban, catalysé par l'occupation israélienne du Sud-Liban au début des années 1980. Son fondement idéologique est sculpté autour du principe de la résistance contre les incursions étrangères perçues et de la poursuite d'un système de gouvernance islamique global basé sur Wilayat al-Faqih, préconisant un leadership clérical sous la direction d'une figure religieuse suprême. Ce cadre sous-tend l'objectif global de l'organisation, qui est d'établir un État islamique au Liban tout en luttant contre les menaces qui pèsent sur la communauté chiite.

Parallèlement, le Hamas est apparu à la fin des années 1980 en tant qu'émanation islamiste sunnite des Frères musulmans. Son idéologie est centrée sur la libération de la Palestine de l'occupation israélienne et sur l'établissement d'un État islamique dans la région. Cette vision englobe la récupération de toute la Palestine historique et l'affirmation du droit au retour des réfugiés palestiniens.

Les Houthis, connus sous le nom d'Ansar Allah, sont issus de la communauté chiite zaïdite du Yémen au début des années 1990. Leur orientation idéologique est imprégnée des perspectives théologiques et des récits historiques zaïdites, soulignant l'opposition à la marginalisation politique et aux inégalités socio-économiques. Au fond, le mouvement houthi s'efforce de garantir l'autonomie religieuse et politique de la population zaïdite tout en contestant l'influence des puissances extérieures au Yémen. Leurs griefs sont inextricablement liés aux injustices historiques et aux inégalités perçues.

Les objectifs déclarés de ces mouvements reflètent des aspirations à l'autodétermination, à l'autonomisation et à la sauvegarde de leurs communautés respectives, qui se manifestent souvent par des confrontations directes avec des oppresseurs ou des forces d'occupation perçus comme tels. Bien que leurs trajectoires idéologiques puissent diverger sur certains fronts, des thèmes communs émergent, englobant la résistance à la domination étrangère, la quête d'une gouvernance islamique et la mobilisation contre les menaces existentielles perçues.

Leadership et structures organisationnelles

Un examen approfondi du leadership et des cadres organisationnels d'entités telles que le Hezbollah, le Hamas et les Houthis révèle des informations essentielles sur leur efficacité opérationnelle et leur impact plus large. Chaque groupe opère selon des paradigmes hiérarchiques distincts qui éclairent leurs processus décisionnels et amplifient leur efficacité globale.

Dans le cas du Hezbollah, l'organisation est dirigée par Hassan Nasrallah, qui exerce une influence considérable sur l'orientation stratégique et les processus décisionnels du groupe. L'architecture hiérarchique du Hezbollah comprend un Conseil de la Choura, l'appareil décisionnel suprême qui supervise un Conseil exécutif responsable des directives opérationnelles et des manœuvres politiques. Cette gouvernance centralisée permet un leadership cohérent et une prise de décision rapide, ce qui accroît l'agilité et la résistance du Hezbollah face à l'adversité.

Le Hamas fonctionne également au sein d'une hiérarchie structurée, dans laquelle des figures clés comme Khaled Mashal et Ismail Haniyeh jouent un rôle déterminant dans l'élaboration des orientations stratégiques et tactiques du groupe. Le cadre organisationnel du Hamas se caractérise par sa double identité de force politique et de force militante, son conseil de la Choura dirigeant les objectifs généraux du groupe, tandis qu'une aile militaire bien établie orchestre les efforts opérationnels. Cette conception organisationnelle au sein du Hamas facilite la consolidation de l'autorité et donne au groupe les moyens d'atteindre efficacement ses objectifs.

Contrairement à ces modèles centralisés, les Houthis adoptent une approche plus décentralisée. Sous la direction d'Abdul-Malik al-Houthi, l'organisation s'appuie sur un réseau de milices décentralisées et de coalitions tribales, s'adaptant gracieusement aux dynamiques tribales complexes endémiques au Yémen. Ce cadre décentralisé offre non seulement une certaine souplesse, mais renforce également la capacité du groupe à tirer parti des allégeances locales et à exercer une influence sur un large éventail de niveaux démographiques. La structure organisationnelle des Houthis intègre des liens tribaux traditionnels et des tactiques de guérilla modernes, ce qui témoigne de leur capacité à naviguer sur divers terrains sociaux et politiques.

La compréhension de ces différences dans le leadership et les architectures organisationnelles permet d'obtenir des informations essentielles sur les capacités opérationnelles et la résilience de ces factions qui font face à des défis géopolitiques et poursuivent leurs aspirations idéologiques.

Bases de soutien et composition démographique

Les bases de soutien et les caractéristiques démographiques du Hezbollah, du Hamas et des Houthis jouent un rôle déterminant dans leur résilience, leur influence et leur puissance. L'analyse des contours socio-économiques et politiques de leurs réseaux de soutien est essentielle pour comprendre leurs capacités opérationnelles et leur pertinence durable dans leurs domaines respectifs.

L'exploration des bases de soutien nécessite une enquête sur les liens géographiques, tribaux et communautaires qui sous-tendent leurs efforts de recrutement, leurs mécanismes de financement et leur soutien général. L'évaluation de la composition démographique met en lumière la diversité, la cohésion et
la représentation au sein de ces mouvements.

Le Hezbollah tire son principal soutien de la communauté chiite du Liban, en particulier des groupes
marginalisés et privés de leurs droits. L'organisation a
cultivé de vastes réseaux de soutien dans la banlieue
sud de Beyrouth et dans la vallée de la Bekaa, où elle
offre des services sociaux, des initiatives éducatives et
des soins de santé, cimentant ainsi la loyauté des habitants locaux. Le paysage démographique du Hezbollah reflète les fluctuations plus larges de la société
libanaise, englobant des individus de différents mi-
lieux religieux et socio-économiques, ce qui renforce
son statut d'entité politique et militaire redoutable.

À l'inverse, le Hamas tire sa principale force des
paysages urbains densément peuplés et des camps de
réfugiés de la bande de Gaza. Le mouvement a acquis
une forte notoriété auprès des Palestiniens grâce à sa
position résolue contre l'occupation israélienne et à
son engagement en faveur des programmes sociaux
et du développement des infrastructures. Dominé par
des électeurs musulmans sunnites, le Hamas canalise
efficacement les aspirations de la population pales-
tinienne à l'autodétermination et à la création d'un
État, tout en naviguant dans le réseau complexe des
affiliations tribales et familiales qui façonnent sa dy-

namique interne et sa prise de décision stratégique.

Les Houthis, quant à eux, ont toujours bénéficié d'un soutien solide de la part des communautés chiites zaïdites du nord du Yémen, en particulier dans des régions telles que Saada et Amran. Ce bastion démographique a considérablement renforcé l'influence du groupe et lui a permis de se mobiliser à la fois contre ses adversaires nationaux et contre les interventions extérieures. La composition démographique des Houthis englobe les alliances tribales, les identités religieuses et les griefs historiques, ce qui renforce leur résilience au milieu de conflits prolongés et de luttes de pouvoir régionales.

Une analyse nuancée des bases de soutien et de la composition démographique du Hezbollah, du Hamas et des Houthis dévoile l'interaction complexe de l'identité, de l'idéologie et des conditions matérielles qui sous-tendent leur durabilité et leur importance. En approfondissant ces dimensions, une compréhension globale de leur pertinence sociétale et de leur positionnement stratégique se matérialise, mettant en lumière les complexités inhérentes à leurs engagements aux niveaux local, régional et mondial.

Stratégies et tactiques militaires

Les stratégies et tactiques militaires mises en œuvre par les Houthis, le Hezbollah et le Hamas ont joué un rôle déterminant dans la définition de leurs confrontations et engagements sur leurs théâtres respectifs. Chaque organisation a mis au point des méthodes de guerre distinctes, adaptées à leur contexte, qui reflètent leur capacité d'adaptation et d'innovation.

Le mouvement Houthi, reconnu pour ses compétences en matière de guérilla et ses tactiques asymétriques efficaces, a fait preuve d'une résistance remarquable face à des forces conventionnelles supérieures. Leurs méthodes préférées comprennent les embuscades, les explosifs en bord de route et les opérations de délit de fuite, qui ont infligé des dommages substantiels aux entités adverses, en particulier celles fortifiées par des poids lourds régionaux comme l'Arabie saoudite. Le déploiement de missiles balistiques et de drones par les Houthis a constitué une menace redoutable pour les pays adjacents, ce qui a considérablement renforcé leur stature militaire dans la région.

En revanche, le Hezbollah est devenu une entité paramilitaire très sophistiquée, dotée d'un arsenal important de roquettes et de munitions guidées avec précision. En tirant parti de ses liens étroits avec l'Iran et la Syrie, le Hezbollah a construit un réseau complexe de tunnels et de complexes souterrains fortifiés, qui renforcent ses capacités défensives et sa profondeur stratégique. L'habileté de l'organisation en matière de guerre asymétrique et de combat urbain a été notamment démontrée lors de la guerre du Liban de 2006, au cours de laquelle elle a habilement utilisé le terrain et les infrastructures civiles pour infliger des pertes considérables à ses adversaires tout en minimisant ses propres pertes.

À l'inverse, opérant dans les limites densément peuplées de la bande de Gaza, le Hamas a adopté une stratégie hybride, mêlant tactiques militaires conventionnelles et méthodes non conventionnelles pour contrer la supériorité militaire israélienne. Cette stratégie comprend le déploiement d'engins explosifs improvisés (EEI), l'utilisation de tunnels transfrontaliers et le lancement de ballons incendiaires. Le Hamas s'engage habilement dans la guerre urbaine, en exploitant les complexités du terrain. Sa capacité à mettre en œuvre des tactiques asymétriques tout en conservant le soutien local a permis au Hamas de résister aux sièges prolongés et à l'escalade avec Israël.

Alors que ces organisations continuent à faire évoluer leurs stratégies et tactiques militaires, il devient évident que leurs méthodologies sont profondément influencées par les précédents historiques tout en restant adaptables à la dynamique de la guerre contemporaine. Leurs applications innovantes de la technologie des drones, des techniques de guerre hybride et des méthodes d'acquisition de ressources non conventionnelles illustrent la nature complexe et fluide des conflits armés modernes.

Engagement politique et modèles de gouvernance

L'engagement politique et les cadres de gouvernance

du Hezbollah, du Hamas et des Houthis mettent en lumière les différentes approches de l'autorité et du leadership adoptées par les organisations militantes. Bien que chaque groupe opère dans un cadre contextuel unique, leurs expériences mettent en lumière les relations complexes entre la résistance armée, l'engagement politique et les aspirations à l'édification d'un État.

Engagement politique : L'intégration du Hezbollah dans la politique libanaise illustre l'amalgame réussi entre la résistance armée, la représentation parlementaire et la gouvernance publique. Apparu à l'origine en réaction à l'occupation israélienne, le Hezbollah est devenu un acteur politique important tout en conservant ses capacités militaires. La dextérité du parti à concilier pragmatisme politique et fidélité idéologique lui a permis d'exercer une influence considérable tant au niveau national que régional.

Le Hamas, quant à lui, a tracé une autre voie vers l'engagement politique grâce à son triomphe électoral à Gaza. Malgré l'ostracisme international dont il fait l'objet, le Hamas a consolidé son pouvoir dans la bande de Gaza, s'efforçant de gouverner par le biais de cadres administratifs parallèles. Les défis inhérents à la double gouvernance - en tant que gestionnaire d'un État de facto et d'un mouvement de résistance armé - soulignent les complexités auxquelles sont confrontés les groupes aux prises avec une légitimité contestée.

Modèles de gouvernance : L'étude du Hezbollah et du Hamas permet de mieux comprendre les modèles de gouvernance utilisés par les mouvements militants. Les deux organisations ont mis en place de vastes réseaux de services sociaux dans les domaines de la santé, de l'éducation et de l'infrastructure, qui renforcent leurs bases de soutien populaire tout en facilitant la mobilisation de la base. Ces efforts de gouvernance servent non seulement à consolider le contrôle, mais aussi à renforcer la solidarité sociale et la légitimité parmi leurs électeurs.

En revanche, l'ascension du mouvement Houthi au Yémen illustre un paradigme de gouvernance distinct, façonné par le quasi-effondrement de l'autorité centrale. Dans les régions contrôlées par les Houthis, des structures administratives ad hoc ont vu le jour, caractérisées par un mélange de gouvernance centralisée et d'autonomie locale. Ce cadre de gouvernance hybride tient compte des dynamiques tribales et des hiérarchies religieuses complexes du Yémen, illustrant ainsi la capacité d'adaptation des Houthis dans le paysage sociétal complexe du Yémen. L'accent qu'ils mettent sur les initiatives de lutte contre la corruption et la gouvernance populiste leur a permis d'obtenir le soutien des communautés privées de leurs droits, ce qui les positionne comme une entité politique redoutable au milieu du chaos du conflit.

Une analyse comparative de l'engagement politique et des modèles de gouvernance du Hezbollah, du Hamas et des Houthis révèle les stratégies à multiples facettes que ces organisations emploient pour exercer une influence et gouverner efficacement dans des scénarios de conflit prolongé.

Influence régionale et alliances

L'influence régionale et les alliances du mouvement Houthi jouent un rôle central dans la dynamique du conflit en cours au Yémen, avec des implications qui s'étendent bien au-delà de ses frontières. Les Houthis ont tissé des liens régionaux importants qui renforcent leur résistance et leur influence dans cette lutte prolongée, reflétant un réseau complexe d'alliances qui soutiennent et défient leur cause à la fois.

Au cœur de l'alliance des Houthis se trouve l'Iran, un des principaux soutiens du mouvement qui envisage son soutien dans le cadre de sa rivalité plus large avec l'Arabie saoudite. L'implication de l'Iran se traduit par une aide financière, un soutien militaire et une solidarité politique, qui contribuent tous à renforcer les capacités opérationnelles des Houthis. La relation entre l'Iran et les Houthis a suscité des inquiétudes parmi les États voisins du Golfe, en particulier l'Arabie saoudite et les Émirats arabes unis, qui perçoivent ce partenariat comme une menace pour la sécurité régionale et ont pris des mesures militaires en réponse à l'expansionnisme perçu comme associé à l'influence iranienne.

Les Houthis ont efficacement cultivé des liens avec d'autres acteurs non étatiques de la région, en particulier leur alliance avec le Hezbollah au Liban. Ce partenariat se caractérise par des valeurs idéologiques partagées, des initiatives militaires concertées et une position anti-occidentale commune. Les progrès du Hezbollah en matière de guerre asymétrique et son expérience de la contestation de l'autorité de l'État ont permis aux Houthis de tirer de précieux enseignements, améliorant ainsi leurs propres tactiques d'insurrection et de résistance.

Les dirigeants houthis ont également cherché à étendre leur influence au-delà de la mer Rouge, en établissant des relations de coopération avec des pays comme l'Érythrée et en explorant même des liens avec des factions de la Corne de l'Afrique. Ces interactions régionales visent à étendre leur influence et à former des alliances stratégiques au-delà des frontières du Yémen, soulignant les aspirations des Houthis à un engagement régional plus large.

Toutefois, ces alliances ont donné lieu à d'importantes controverses internationales, suscitant des inquiétudes quant à leur capacité à déstabiliser le Moyen-Orient dans son ensemble. La dynamique complexe de ces alliances souligne les multiples facettes du mouvement houthi et son impact considérable sur la géopolitique régionale, alors qu'il navigue entre les responsabilités et les ramifications associées à ses partenariats stratégiques.

Perception et désignation internationales

La perception internationale et la désignation d'organisations telles que le Hezbollah, le Hamas et les Houthis ont fait l'objet d'un examen et d'une analyse considérables sur la scène mondiale. La classification de ces entités par divers pays et organismes internationaux - en tant que mouvements politiques, groupes de résistance ou organisations terroristes - a profondément influencé leurs interactions avec la communauté internationale. Il faut donc explorer les dynamiques complexes qui dictent la façon dont ces organisations sont perçues et désignées au niveau international.

Les désignations appliquées à ces groupes reflètent souvent des intérêts et des perspectives géopolitiques divergents. Par exemple, alors que certaines nations et entités considèrent le Hezbollah comme un mouvement de résistance légitime contre l'occupation israélienne, d'autres le qualifient d'organisation terroriste, citant ses engagements dans des hostilités régionales et ses actes violents. Une polarisation similaire entoure le Hamas, qui fait l'objet d'une reconnaissance mitigée ; certains reconnaissent sa légitimité électorale à Gaza, tandis que d'autres condamnent avec véhémence ses tactiques violentes et ses affirmations d'hostilité à l'égard d'Israël.

En ce qui concerne les Houthis, leur caractérisation est largement influencée par la lutte de pouvoir régionale plus large entre l'Arabie saoudite et l'Iran. La première les décrit comme des mandataires de l'Iran, tandis que la seconde soutient leurs revendications en tant que force indigène défendant la souveraineté du Yémen. Ces divergences mettent en évidence les complexités et les difficultés de la désignation internationale, ce qui complique les efforts diplomatiques à l'échelle mondiale.

Les répercussions de la désignation internationale s'étendent à des domaines critiques, affectant la capacité de ces organisations à s'engager dans le système financier mondial, à obtenir une aide humanitaire et à prendre part à des négociations diplomatiques. Les ramifications juridiques d'une classification en tant qu'organisation terroriste peuvent sérieusement restreindre l'accès aux ressources essentielles et entraver les tentatives de se présenter comme des entités politiques légitimes. Ces désignations ont un impact sur la volonté des États d'engager le dialogue ou de fournir un soutien, ce qui crée des obstacles considérables à la résolution des conflits et aux initiatives de consolidation de la paix.

Il est essentiel d'examiner de près les méthodologies et les critères utilisés par les nations et les organismes internationaux pour déterminer ces classifications. La nature intrinsèquement subjective de ce processus suscite souvent des débats sur la cohérence et l'équité des désignations. Il est essentiel de favoriser les dialogues constructifs et d'adopter des approches multilatérales pour surmonter ces difficultés et veiller à ce que les désignations soient conformes aux objectifs plus larges de promotion de la stabilité, de la sécurité et de la paix dans les régions en proie à des conflits.

En conclusion, la perception internationale et la désignation de groupes tels que le Hezbollah, le Hamas et les Houthis sont des questions litigieuses qui influencent grandement leur capacité opérationnelle sur la scène mondiale. Il est impératif de bien comprendre les facteurs qui sous-tendent ces désignations pour naviguer efficacement dans le cadre complexe des relations internationales et faciliter un engagement constructif visant à résoudre les conflits régionaux et à favoriser la stabilité.

Conclusion : Enseignements et implications

En examinant les dynamiques comparatives du Hezbollah, du Hamas et des Houthis, il apparaît clairement que, malgré leurs contextes et origines distincts, ces organisations ont des points communs importants en ce qui concerne leurs objectifs stratégiques, leurs tactiques et leurs perceptions internationales. L'un des principaux enseignements tirés de cette analyse est la reconnaissance du fait que les acteurs non étatiques du Moyen-Orient tirent habilement parti d'une combinaison de capacités militaires, de récits idéologiques et d'un soutien localisé pour contester le statu quo et affirmer leur importance en tant qu'acteurs régionaux influents.

Les implications de ces observations vont au-delà

du champ d'action immédiat des organisations étudiées. Elles mettent en lumière l'interaction complexe entre les facteurs religieux, politiques et socio-économiques qui motivent les actions des acteurs non étatiques dans toute la région. Ces résultats mettent en lumière les formidables défis auxquels sont confrontés les acteurs étatiques conventionnels, tels que l'incohérence des stratégies, l'expérience de la guerre asymétrique et les difficultés inhérentes à la promotion de la stabilité dans des régions dominées par des entités non étatiques.

Dans une perspective mondiale plus large, l'analyse comparative révèle les différents degrés de perception et de désignation internationale attribués à ces groupes. Alors que certains sont qualifiés d'organisations terroristes par certains pays et organisations internationales en raison de leurs engagements violents, d'autres bénéficient d'évaluations plus favorables de la part d'acteurs extérieurs alignés sur leurs intérêts, ce qui complique les efforts visant à mettre en place une stratégie unifiée pour lutter contre l'influence de ces groupes.

L'un des principaux enseignements de cette analyse est la reconnaissance de la complexité inhérente à l'engagement et à la lutte contre les acteurs non étatiques dans les zones de conflit. Les méthodes traditionnelles d'intervention de l'État et les interventions militaires sont souvent insuffisantes face à des adversaires qui sont profondément ancrés dans les structures sociétales et qui bénéficient de bases de soutien solides.

Les implications plus larges de cette analyse soulèvent des questions fondamentales concernant l'efficacité des cadres internationaux actuels pour faire face à la nature multiforme des conflits façonnés par des acteurs non étatiques. De telles perspectives fournissent une base pour explorer les voies permettant de favoriser le dialogue, la désescalade et une paix durable dans les régions déchirées par la guerre.

En fin de compte, les leçons et les implications profondes tirées de cette analyse comparative soulignent la nécessité urgente d'adopter des approches nuancées et multidimensionnelles qui permettent de comprendre et d'affronter de manière adéquate la dynamique évolutive des acteurs non étatiques au Moyen-Orient et au-delà. En approfondissant les opérations internes et les interactions externes de ces organisations, les décideurs politiques et les analystes peuvent cultiver une compréhension plus complète des complexités en jeu, ouvrant ainsi la voie à des stratégies informées et efficaces visant à atténuer les conflits et à promouvoir une stabilité durable.

Références

1. **Alagha, Jawad.** *Le Hezbollah : Le nouveau visage du terrorisme.* New York : Bloomsbury, 2015.

2. **Mabon, Simon.** *Le Hezbollah et les Houthis : La nature de la violence politique au Moyen-Orient.* Londres : I.B. Tauris, 2021.

3. **Hoffman, Bruce.** *Inside Terrorism.* New York : Columbia University Press, 1998. (Comprend des éléments comparatifs avec divers groupes militants, dont le Hezbollah et le Hamas).

4. **Norton, Augustus Richard.** *Le Hezbollah : A Short History.* Princeton, NJ : Princeton University Press, 2007.

5. **Wehrey, Frederic.** *La politique sectaire dans le Golfe : De la guerre d'Irak aux soulèvements arabes.* New York : Cambridge University Press, 2013. (Couvre le militantisme régional, y compris des aperçus sur le Hezbollah et le Hamas).

6. **Zingg, J. M.** *Militant Movements in the Middle East : A Comparative Analysis of Hezbollah, Hamas, and the Houthis.* New York : Routledge, 2022.

7. **Corbin, Julia.** *De Gaza au Yémen : Les stratégies du Hamas et des Houthis.* Londres : Hurst & Company, 2020.

8. **Swanson, Eric.** *Comparative Jihadism : The Cases of Hezbollah, Hamas, and the Houthis.* Londres : Routledge, 2023.

12

Une géopolitique en mutation : Les Houthis et les intérêts israéliens

Dynamique géopolitique

L'interaction complexe entre le mouvement Houthi et les intérêts israéliens se déroule dans un contexte géopolitique turbulent et en constante évolution. Une myriade d'animosités historiques, d'alliances changeantes et de luttes de pouvoir régionales ont façonné de manière complexe l'environnement dans lequel les Houthis et Israël se trouvent retranchés.

Ce discours s'aventure dans le réseau alambiqué des dynamiques géopolitiques qui sous-tendent les engagements entre ces deux entités.

Au cœur même de cette analyse se trouve un examen minutieux des impératifs stratégiques qui motivent les opérations des Houthis dans la région. En décryptant les objectifs et les motivations du mouvement Houthi, nous pouvons obtenir des informations précieuses sur leurs actions et leurs ramifications pour la stabilité et la sécurité de la région.

Simultanément, il est impératif de contextualiser la disposition vigilante d'Israël à l'égard des menaces régionales. Une tapisserie d'expériences historiques, de nécessités sécuritaires et de réalités géopolitiques a cultivé en Israël une connaissance perspicace des périls potentiels émanant d'acteurs voisins, y compris d'entités non étatiques telles que les Houthis.

Cette étude examine l'impact de l'alliance naissante entre les Houthis et l'Iran sur la sécurité nationale israélienne. Les relations qui se développent entre le mouvement Houthi et l'Iran ont suscité l'inquiétude des échelons israéliens de la défense et de la diplomatie, ce qui a incité à réévaluer les paradigmes de la menace régionale.

Une analyse exhaustive des menaces directes et indirectes que les Houthis font peser sur Israël met en lumière les défis multiformes que les décideurs israéliens doivent relever. Au-delà des confrontations militaires explicites, les répercussions des manœuvres des Houthis contribuent au calcul de la sécurité d'Israël au sens large.

L'interaction entre les relations diplomatiques israélo-saoudiennes dans la lutte contre la présence des Houthis met en lumière l'interconnexion des dynamiques régionales. La confluence des intérêts partagés par l'Arabie saoudite et Israël dans la lutte contre les menaces mutuelles influence profondément la manière dont les deux nations manœuvrent dans le labyrinthe complexe du conflit yéménite.

Un examen approfondi des mesures adoptées par Israël pour atténuer les menaces potentielles posées par les Houthis donne des indications précieuses sur les stratégies de défense proactives et les initiatives de gestion des risques du pays dans un contexte régional précaire. En particulier, la mise en lumière des principales initiatives diplomatiques internationales visant à favoriser la stabilité et leur alignement sur les intérêts israéliens offre une fenêtre sur les manœuvres diplomatiques plus larges qui sculptent la réponse régionale aux activités des Houthis. Il est essentiel de comprendre ces dynamiques diplomatiques à multiples facettes pour évaluer les perspectives d'équilibre régional et de résolution des conflits.

Les objectifs stratégiques des Houthis

Issu de la communauté chiite zaïdite, le mouvement houthi s'est habilement positionné en tant qu'acteur central du spectre politique complexe du Yémen. Pour comprendre pleinement les objectifs stratégiques des

Houthis, il faut plonger dans les courants historiques, religieux et géopolitiques qui ont façonné leurs ambitions. Au cœur du mouvement houthi se trouve une quête visant à rectifier les griefs découlant de la marginalisation systémique, de l'éloignement politique et des disparités économiques qui imprègnent la société yéménite. Le groupe cherche à contester les intrusions d'acteurs extérieurs, en particulier l'Arabie saoudite et ses affiliés régionaux, dans la détermination des politiques intérieures du Yémen.

Les Houthis s'efforcent également de forger l'unité entre les différentes factions sectaires tout en défendant les intérêts de la minorité chiite zaïdite. Cet objectif s'inscrit parfaitement dans leur ambition globale d'établir un cadre de gouvernance plus juste et plus inclusif au Yémen.

D'un point de vue géopolitique, les aspirations stratégiques des Houthis vont au-delà des préoccupations locales. Leur affiliation à l'Iran signifie qu'ils souhaitent exercer une influence sur le théâtre régional au sens large, en contestant l'hégémonie des États du Golfe et en présentant un front concerté contre les antagonistes qu'ils perçoivent. Les Houthis ont manifesté leur ambition de perturber le statu quo dans la péninsule arabique. Leur stratégie consiste à tenter d'exercer un contrôle sur des territoires vitaux, y compris la capitale, Sanaa, tout en employant des tactiques de guerre asymétriques pour contrecarrer les interventions extérieures.

L'acquisition d'armes sophistiquées et le renforcement des capacités de combat asymétriques constituent la pierre angulaire de la stratégie des Houthis, renforçant leur position pour projeter leur puissance et dissuader leurs adversaires potentiels. La compréhension de ces objectifs stratégiques révèle que le mouvement houthi est mû par une tapisserie d'ambitions englobant des dimensions locales, régionales et sectaires. La poursuite de ces objectifs a non seulement redéfini la dynamique interne du Yémen, mais s'est également répercutée dans l'ensemble du Moyen-Orient, engendrant un labyrinthe d'alliances, de rivalités et de problèmes de sécurité. Alors que le mouvement houthi continue de naviguer dans un paysage géopolitique complexe, il est crucial d'évaluer les implications de ses objectifs stratégiques sur la stabilité locale et la dynamique régionale.

Les préoccupations historiques d'Israël en matière de sécurité dans la région

Les appréhensions historiques d'Israël en matière de sécurité constituent la pierre angulaire du paysage géopolitique complexe qui caractérise le Moyen-Orient. Depuis sa création en 1948, Israël a été confronté à toute une série de problèmes de sécurité, notamment des conflits avec les États arabes voisins et des acteurs non étatiques. Des incidents cruciaux tels que les guerres israélo-arabes, les intifadas et le conflit israélo-palestinien actuel ont perpétué un cycle d'instabilité régionale. Cette perception perpétuelle de la menace a fondamentalement modelé les doctrines de sécurité et les postures de défense d'Israël.

La montée en puissance d'acteurs non étatiques, en particulier ceux qui sont sous l'égide de l'Iran, y compris le Hezbollah au Liban, a ajouté une nouvelle couche de complexité au calcul de la sécurité d'Israël. Ces menaces à multiples facettes nécessitent une stratégie proactive et solide pour sauvegarder les intérêts nationaux d'Israël en matière de sécurité.

L'influence grandissante de l'Iran dans la région et le soutien qu'il apporte à des factions militantes constituent des défis directs pour le cadre de sécurité d'Israël. L'animosité idéologique que l'Iran nourrit à l'égard d'Israël, associée au soutien financier et militaire qu'il apporte à des organisations mandataires, exacerbe les inquiétudes des responsables politiques israéliens. Ces facteurs ont précipité la création d'un environnement de sécurité dynamique dans lequel Israël observe méticuleusement et contrecarre les développements susceptibles de mettre en péril sa structure de pouvoir régionale.

La nature évolutive des conflits dans les territoires voisins, en particulier la guerre civile en Syrie et les troubles en Irak, complique encore les considérations sécuritaires d'Israël. Les ramifications de ces conflits, y compris la dissémination d'armements avancés à des entités hostiles à la périphérie d'Israël, soulignent l'interconnexion des menaces à la sécurité régionale.

Dans le contexte des Houthis, Israël perçoit leur alignement sur l'Iran et le transfert potentiel de capacités militaires avancées comme un grave problème de sécurité nationale. Par conséquent, les inquiétudes de longue date d'Israël en matière de sécurité dans la région se manifestent par une interaction complexe de conflits persistants, d'acteurs non étatiques menaçants et de commanditaires étatiques désireux de déstabiliser son environnement de sécurité. Ces préoccupations soulignent la nécessité pour Israël de s'engager dans des opérations de renseignement délibérées, des initiatives diplomatiques et des tactiques de dissuasion pour contrer les menaces émergentes et sauvegarder ses prérogatives nationales.

L'axe Houthi-Iran : conséquences pour Israël

La relation complexe entre les Houthis et l'Iran a fait l'objet d'un examen approfondi, principalement en raison de ses ramifications potentielles pour la géopolitique régionale, en particulier en ce qui concerne Israël. En tant que mouvement majoritairement chiite, les Houthis présentent des similitudes idéologiques avec le régime iranien, ce qui fait de Téhéran un allié naturel dans leur quête d'influence au Moyen-Orient. Le soutien de l'Iran aux rebelles houthis est multiforme - soutien financier, assistance militaire et renforcement idéologique - ce qui consolide cette alliance stratégique.

Du point de vue israélien, l'axe Houthi-Iran suscite de vives inquiétudes quant à l'expansion de l'influence iranienne au Yémen et à ses implications plus larges pour la région. La collusion des groupes militants soutenus par l'Iran près des frontières israéliennes complique le paysage sécuritaire existant, intensifiant les défis auxquels le gouvernement israélien est confronté.

L'axe Houthi-Iran représente une série de menaces directes pour la sécurité d'Israël. En premier lieu, l'afflux d'armes de pointe de l'Iran vers les Houthis augmente la probabilité d'hostilités transfrontalières et d'affrontements asymétriques impliquant les forces israéliennes. L'introduction de missiles à guidage de précision, de drones et d'autres armements sophistiqués dans l'arsenal des Houthis amplifie non seulement leurs capacités offensives, mais accroît également le risque d'attaques imminentes dirigées contre le territoire ou les intérêts israéliens, ce qui pose de formidables défis aux stratégies défensives d'Israël et nécessite des contre-mesures vigilantes. L'enracinement de factions pro-iraniennes au Yémen, renforcé par l'insurrection des Houthis, sert la stratégie iranienne globale d'encerclement d'Israël et d'extension de son influence au Moyen-Orient.

Au-delà des préoccupations sécuritaires immédiates, l'axe Houthi-Iran engendre également des ramifications géopolitiques plus larges pour Israël. L'utilisation par l'Iran de l'insurrection houthie comme outil pour exercer une influence sur les adversaires régionaux, y compris Israël et l'Arabie saoudite, illustre l'interconnexion des conflits dans l'ensemble du Moyen-Orient. Cette dynamique exacerbe le calcul de la sécurité d'Israël, obligeant le pays à naviguer dans un réseau complexe de stratégies diplomatiques, militaires et de renseignement visant à atténuer les risques associés au lien entre les Houthis et l'Iran.

Par conséquent, alors que le partenariat entre les Houthis et l'Iran continue d'évoluer, Israël doit concevoir des plans d'urgence complets pour répondre efficacement à l'escalade des défis découlant de cette alliance. Cela peut inclure un engagement proactif dans des plateformes multilatérales, le partage de renseignements avec des partenaires stratégiques et le développement de coalitions diplomatiques conçues pour freiner l'expansionnisme iranien. Le renforcement des systèmes de défense des frontières, le resserrement des liens avec les acteurs régionaux préoccupés par l'ascension de l'Iran et l'adoption des avancées technologiques dans le domaine de la guerre sont essentiels pour améliorer la résilience d'Israël face aux répercussions de l'axe Houthi-Iran et sauvegarder sa sécurité nationale.

Menaces directes et indirectes que les Houthis font peser sur Israël

La menace multiforme que le mouvement Houthi fait peser sur Israël comprend des défis directs et indirects pour les intérêts sécuritaires israéliens. Sur le plan direct, l'alliance des rebelles houthis avec l'Iran alarme Israël quant à l'éventualité d'attaques soutenues par l'Iran contre des cibles israéliennes. La situation stratégique du Yémen, à proximité de routes maritimes essentielles et de la mer Rouge, constitue une base opérationnelle à partir de laquelle les forces houthies pourraient lancer des attaques asymétriques contre des navires israéliens ou des infrastructures situées à proximité. Avec le soutien de l'Iran, les Houthis pourraient étendre leurs capacités offensives pour mettre en péril les alliés et les intérêts d'Israël dans l'ensemble du Moyen-Orient, ce qui représenterait une menace directe importante pour la sécurité d'Israël.

Indirectement, le conflit des Houthis a des implications plus larges pour Israël, notamment en ce qui concerne la stabilité régionale. Les bouleversements en cours au Yémen facilitent la contrebande d'armes et la prolifération d'armements avancés, tels que des drones et des missiles balistiques, qui ont été déployés par les Houthis lors d'attaques contre les États voisins. Cette prolifération d'armes sophistiquées constitue une préoccupation majeure pour Israël, car elle pourrait permettre à des acteurs non étatiques situés le long de ses frontières de cibler le territoire israélien, menaçant indirectement la sécurité nationale d'Israël.

L'insurrection des Houthis a exacerbé la crise humanitaire au Yémen, augmentant le risque d'une plus grande déstabilisation dans la région. Le chaos et l'anarchie qui en résultent créent un environnement propice aux factions extrémistes qui peuvent chercher à prendre Israël pour cible, ce qui constitue indirectement une menace importante pour la sécurité.

En résumé, les Houthis représentent des menaces directes et indirectes pour Israël, allant de la possibilité d'une agression militaire ouverte à une déstabilisation régionale plus large, chacune d'entre elles pouvant avoir des implications considérables pour la sécurité et les intérêts géopolitiques d'Israël.

Les relations israélo-saoudiennes et le facteur houthi

L'interaction complexe entre l'Arabie saoudite, Israël et le mouvement Houthi au Yémen a des ramifications géopolitiques importantes. Malgré l'absence de relations diplomatiques formelles, l'Arabie saoudite et Israël partagent une même appréhension quant à l'influence croissante de factions soutenues par l'Iran, telles que les Houthis, dans la région. L'insurrection houthie constitue une menace directe pour les intérêts saoudiens, notamment par le biais d'attaques transfrontalières et d'attentats visant les infrastructures vitales du Royaume. Cette situation a favorisé une convergence d'intérêts entre l'Arabie saoudite et Israël, qui perçoivent tous deux l'Iran comme une force déstabilisatrice au Moyen-Orient.

Néanmoins, si des exemples de coopération clandestine entre les deux nations ont fait surface, ces actions restent largement méconnues en raison de l'absence de normalisation officielle.

Le conflit en cours au Yémen et les progrès réalisés

par les Houthis ont encore influencé la dynamique des relations israélo-saoudiennes. Alors que l'Arabie saoudite s'efforce de contenir l'influence des Houthis et d'empêcher l'Iran d'empiéter davantage sur ses frontières, Israël suit de près ces développements avec un intérêt considérable. Le potentiel d'alignement stratégique entre Riyad et Tel-Aviv contre leurs adversaires communs nécessite un calcul minutieux sur les deux fronts.

Le facteur Houthi pourrait rapprocher l'Arabie saoudite et Israël ; toutefois, des considérations politiques internes et des sensibilités régionales continuent de façonner la trajectoire de leurs interactions.

L'implication d'autres acteurs régionaux, tels que les Émirats arabes unis (EAU) et le Bahreïn, dans l'établissement de liens plus étroits avec Israël, rend la situation encore plus complexe. Les accords d'Abraham, qui ont normalisé les relations entre Israël et ces États du Golfe, reflètent un rééquilibrage des alliances en réponse à des menaces communes et à des opportunités partagées. Dans ce contexte, l'influence du mouvement houthi devient étroitement liée aux changements plus larges de la géopolitique du Moyen-Orient, modifiant le calcul stratégique de plusieurs acteurs de la région.

Il est essentiel d'analyser l'évolution des relations israélo-saoudiennes dans le cadre plus large de la dynamique du pouvoir au Moyen-Orient. La convergence des intérêts sécuritaires, propulsée par le facteur houthi, constitue un paradigme qui transcende les animosités historiques et les clivages sectaires.

Il est essentiel de comprendre l'interaction entre le mouvement houthi et les alliances régionales pour saisir la fluidité de la géopolitique contemporaine et le potentiel de rééquilibrage de l'ordre régional.

Impact des alliances régionales sur les conflits locaux

Les alliances régionales contribuent à façonner les conflits locaux, et l'insurrection des Houthis au Yémen illustre ce phénomène. L'interaction complexe entre les puissances régionales telles que l'Iran, l'Arabie saoudite et Israël a profondément influencé la dynamique du conflit et ses implications plus larges. L'alignement du mouvement Houthi sur l'Iran a exacerbé une lutte de pouvoir régionale déjà complexe, attirant d'autres acteurs tels que l'Arabie saoudite et suscitant d'importantes inquiétudes pour la sécurité d'Israël. Le conflit au Yémen est devenu un champ de bataille pour des rivalités régionales plus larges, chaque partie s'efforçant de dominer et d'influencer. Par conséquent, les effets de ces alliances régionales ont des implications considérables sur la trajectoire de l'insurrection houthie et son escalade potentielle vers une confrontation régionale plus large.

Le soutien de l'Iran aux Houthis est un point litigieux, en particulier pour l'Arabie saoudite, qui perçoit le soutien de Téhéran au groupe rebelle comme une menace directe pour sa sécurité et ses intérêts. Cette rivalité s'est répercutée sur le conflit yéménite, compliquant encore la situation et perpétuant un cycle de violence. L'implication de l'Iran a suscité des appréhensions en Israël, qui considère l'influence croissante de Téhéran dans la région comme un défi pour sa stabilité et sa sécurité.

L'intervention militaire de l'Arabie saoudite au Yémen, qui vise à faire échouer la tentative de prise de contrôle des rebelles houthis, a intensifié le conflit et l'a mêlé à des luttes de pouvoir régionales plus vastes. La campagne menée par la coalition dirigée par l'Arabie saoudite pour contrer l'influence iranienne au Yémen a alimenté la violence, engendrant une situation complexe et volatile aux répercussions considérables. Cet engagement militaire a également exacerbé les tensions entre l'Iran et l'Arabie saoudite, compliquant les perspectives d'une résolution diplomatique de la crise yéménite.

Les ramifications des alliances régionales sur le conflit yéménite vont au-delà des acteurs directs impliqués. Le rôle des puissances internationales, en particulier des États-Unis et de leurs relations avec les acteurs régionaux, ajoute une nouvelle couche de complexité à une situation déjà complexe. L'interaction des alliances, des intérêts et des stratégies entre les acteurs régionaux et internationaux a transformé le conflit yéménite d'un différend local en un point central de la dynamique des pouvoirs régionaux, exacerbant l'instabilité et prolongeant les souffrances des civils yéménites.

Stratégies de défense israéliennes en réponse aux actions des Houthis

Israël évolue dans un paysage sécuritaire complexe et changeant, et les actions du mouvement Houthi au Yémen suscitent de nouvelles préoccupations stratégiques. Compte tenu des ramifications régionales et internationales du conflit yéménite, les stratégies de défense d'Israël sont adaptées pour répondre aux menaces potentielles posées par les Houthis. Le gouvernement et l'armée israéliens surveillent de près les activités des Houthis, notamment en ce qui concerne leurs capacités en matière de missiles et leur alignement sur l'Iran.

Un élément crucial de la réponse d'Israël est la robustesse de ses opérations de collecte de renseignements et de surveillance. La communauté israélienne du renseignement examine de près les flux d'armes et de ressources de l'Iran vers les Houthis, ainsi que tout transfert de systèmes d'armes avancés qui pourraient potentiellement menacer Israël. Cet effort englobe une combinaison de sources de renseignement humaines et de moyens technologiques pour recueillir des données essentielles sur les capacités et les intentions militaires des Houthis.

Israël a également mis en œuvre des mesures défensives proactives pour contrer les menaces potentielles des actions des Houthis, notamment en déployant des systèmes avancés de défense antimissile tels que le

Dôme de fer, conçu pour intercepter et neutraliser les roquettes à courte portée et les obus d'artillerie. Le pays a renforcé sa sécurité maritime afin d'empêcher les transferts illicites d'armes vers les Houthis, reconnaissant l'impact significatif des couloirs maritimes sur la stabilité régionale.

Parallèlement à ses mesures défensives, Israël maintient une politique de dissuasion destinée à faire savoir qu'il est prêt à répondre de manière décisive à toute action hostile émanant des zones contrôlées par les Houthis. Cette stratégie consiste à envoyer des messages sans équivoque aux dirigeants houthis et à leurs soutiens concernant les conséquences d'un ciblage des intérêts ou du territoire israéliens. Israël s'est engagé à protéger ses frontières et à empêcher tout débordement de violence à partir du conflit yéménite.

Dans le cadre de sa stratégie de défense élargie, Israël mène une action diplomatique auprès des principaux acteurs régionaux et internationaux afin de cultiver des alliances et une coopération pour faire face à la menace des Houthis. Cela inclut des conversations avec les partenaires du Golfe ainsi qu'un dialogue avec les principales puissances impliquées dans la crise yéménite. En favorisant les relations de collaboration, Israël vise à exploiter les efforts collectifs pour atténuer les risques associés au mouvement houthi et renforcer la stabilité régionale.

En résumé, les stratégies de défense d'Israël en réponse aux actions des Houthis donnent la priorité à la vigilance, à la préparation et à la collaboration. L'approche globale englobe la collecte de renseignements, les capacités défensives, la dissuasion et l'engagement diplomatique pour faire face aux impacts potentiels du conflit yéménite sur la sécurité d'Israël et la dynamique régionale globale.

Efforts diplomatiques internationaux et positions israéliennes

Dans le paysage géopolitique complexe du Moyen-Orient, les efforts diplomatiques internationaux s'avèrent essentiels pour faire face à l'évolution de la dynamique entre le mouvement Houthi et les intérêts israéliens. L'imbrication complexe des alliances, des griefs historiques et des objectifs stratégiques a contraint divers acteurs mondiaux à se lancer dans des initiatives diplomatiques visant à atténuer les tensions et à favoriser des solutions durables aux conflits régionaux impliquant les Houthis et Israël. Ainsi, l'analyse des dimensions multiformes de ces interventions diplomatiques devient cruciale pour comprendre les positions d'Israël au sein de ce complexe nœud de relations internationales.

Historiquement, Israël a cherché à sauvegarder sa sécurité nationale en formant des alliances avec des acteurs régionaux clés et en tirant parti de son influence diplomatique sur la scène mondiale. Dans le contexte des relations israélo-houthies, les efforts diplomatiques d'Israël ont visé à rallier le soutien de ses alliés traditionnels tout en s'engageant avec d'autres acteurs influents pour contrer les menaces perçues du mouvement houthi. Cette approche diplomatique intègre une double stratégie consistant à faire valoir les préoccupations légitimes en matière de sécurité tout en cherchant des solutions aux escalades potentielles.

Les canaux diplomatiques d'Israël se sont activement engagés auprès des Nations unies, plaidant pour une reconnaissance internationale de ses impératifs de sécurité et ralliant le soutien en faveur de mesures visant à contrer la menace houthie. Parallèlement, Israël a engagé un dialogue stratégique avec des puissances régionales telles que l'Arabie saoudite et les Émirats arabes unis, afin d'aligner leurs préoccupations mutuelles concernant l'ascension des Houthis et les implications plus larges pour la stabilité régionale.

Israël a étendu son action diplomatique à d'autres acteurs mondiaux essentiels, notamment l'Union européenne et les États-Unis, afin de renforcer les efforts internationaux concertés visant à atténuer la menace houthie et à gérer les changements géopolitiques qui en découlent. Conscient du potentiel de transformation de l'engagement diplomatique, Israël a participé activement à des forums multilatéraux, soulignant la nécessité d'une coopération internationale solide pour contrer l'impact déstabilisant du mouvement houthi.

Israël a exprimé sa position par le biais de divers canaux diplomatiques, préconisant des mesures strictes pour limiter les transferts d'armes illicites et empêcher le soutien extérieur aux forces houthies, s'inscrivant ainsi dans un consensus international plus large axé sur l'endiguement des conflits régionaux. Alors que les efforts diplomatiques continuent de façonner la trajectoire des relations entre les Houthis et Israël, ce dernier reste déterminé à protéger sa sécurité nationale et à favoriser des solutions pacifiques dans le cadre de la diplomatie internationale.

Tendances futures : Prévoir l'évolution des relations entre les Houthis et Israël

Alors que le paysage géopolitique du Moyen-Orient subit une transformation continue, prévoir la trajectoire future des relations entre les Houthis et Israël fait partie intégrante de la compréhension de la stabilité et de la sécurité régionales. L'interaction complexe des griefs historiques, des alliances changeantes et des motivations idéologiques complique toute prévision concernant la dynamique future entre le mouvement houthi et les intérêts israéliens. Néanmoins, plusieurs facteurs clés et scénarios potentiels peuvent être identifiés pour donner un aperçu de l'évolution possible de cette relation.

Le degré d'influence de l'Iran sur le mouvement Houthi déterminera de manière significative leurs interactions avec Israël. Si les dirigeants houthis restent fermement alignés sur Téhéran, leur approche à

l'égard d'Israël fera probablement écho à l'antagonisme plus général de l'Iran. Inversement, si la dynamique interne du Yémen entraîne une réévaluation des liens entre les Houthis et l'Iran, des possibilités d'engagement plus pragmatique avec Israël pourraient se présenter.

Le rôle de l'Arabie saoudite dans l'élaboration des
relations entre les Houthis et Israël doit également
être reconnu. Étant donné la nature complexe des
relations israélo-saoudiennes, la mesure dans laquelle
Riyad pourrait chercher à contrer l'influence iranienne en s'engageant auprès d'Israël pourrait avoir
une incidence considérable sur la dynamique israé-
lo-houthie.

L'évolution de la diplomatie internationale et des
initiatives de paix dans la région jouera sans aucun
doute un rôle important dans l'élaboration des futures relations entre les Houthis et Israël. Si un accord de paix plus large se matérialise, impliquant
potentiellement le Yémen et Israël, cela pourrait faciliter un changement fondamental dans l'approche
des Houthis à l'égard d'Israël. À l'inverse, un conflit prolongé et l'instabilité régionale pourraient renforcer la position d'opposition des Houthis.

L'influence des acteurs extérieurs, tels que les
États-Unis et les puissances européennes, sera déterminante pour définir le cadre des relations entre les
Houthis et Israël. L'ampleur de l'engagement occiden-
tal auprès des Houthis et son influence sur leur comportement à l'égard d'Israël seront essentiels pour
prévoir les tendances futures.

Dans l'ensemble, l'évolution future des relations entre les Houthis et Israël dépend d'une interaction complexe entre la dynamique des pouvoirs régionaux, les développements internes au Yémen et les changements géopolitiques plus larges. Bien qu'il soit difficile de faire des prédictions définitives, une analyse minutieuse de ces variables à multiples facettes peut fournir des indications précieuses sur les voies potentielles de la relation entre le mouvement Houthi et les intérêts israéliens.

Références

1. **Aharon, Yael.** *Yemen, Israel, and the Regional Power Struggle : Comprendre le rôle des Houthis dans une nouvelle ère.* Londres : Routledge, 2022.

2. **Mabon, Simon.** *Le mouvement Houthi : Un nouvel acteur dans la géopolitique du Moyen-Orient.* New York : I.B. Tauris, 2021.

3. **Gad, Waleed.** *La sécurité nationale israélienne et les Houthis : Challenges and Opportunities.* Abingdon, Royaume-Uni : Routledge, 2023.

4. **Wehrey, Frederic.** *La politique sectaire dans le*

Golfe : De la guerre d'Irak aux soulèvements arabes. New York : Cambridge University Press, 2013. (Examine les dynamiques géopolitiques plus larges, y compris les intérêts israéliens).

5. **Al-Ariqi, Ahmad.** *Le Yémen en crise : Implications géopolitiques pour Israël et au-delà.* Washington, DC : Middle East Institute, 2020.

6. **Zyck, Steven.** *L'intersection des intérêts yéménites et israéliens :* A Geopolitical Analysis. Londres : Zed Books, 2021.

7. **Ellis, Matthew.** *Changements géopolitiques : Les Houthis et leur impact sur la stratégie israélienne.* New York : Palgrave Macmillan, 2022.

8. **Fahim, Abdurrahman.** *Israël à l'ère des Houthis : Security and Strategic Concerns.* New York : Columbia University Press, 2023.

13

Légitimité et reconnaissance : débat sur le statut des Houthis

Définir la légitimité dans les relations internationales

La légitimité, un concept essentiel dans le domaine des relations internationales, englobe la reconnaissance et l'acquiescement de l'autorité d'une entité politique par les acteurs pertinents de l'arène mondiale. Les critères de légitimité sont multiples et intègrent des principes tels que l'adhésion aux principes démocratiques, le respect des droits de l'homme et la représentation authentique de la volonté de la population. Dans le contexte du mouvement houthi au Yémen, une évaluation méticuleuse de sa légitimité nécessite une exploration approfondie de la myriade de facteurs qui façonnent les perceptions de sa gouvernance, tant sur le plan national qu'international.

La trajectoire historique de la reconnaissance des Houthis est inextricablement liée au paysage politique complexe du Yémen et à ses interactions avec les puissances régionales et mondiales. Des événements historiques clés, notamment les insurrections armées, la prise de Sanaa et les contestations ultérieures des autorités établies, ont profondément influencé le discours actuel sur la légitimité des dirigeants houthis. Cette enquête rétrospective met en lumière la nature complexe de leur ascension au pouvoir et les ramifications qu'elle a eues sur leur position dans les relations internationales.

Le cadre juridique régissant le statut de la gouvernance des Houthis a des répercussions considérables sur leur reconnaissance mondiale. Les lois, traités et conventions internationaux définissent les paramètres dans lesquels l'autorité politique des Houthis est évaluée et acceptée. Il est indispensable de comprendre les perspectives juridiques qui entourent leur gouvernance pour s'assurer de leur légitimité au sein de la communauté internationale.

Au Yémen, l'éventail des sentiments de l'opinion publique - soutien et opposition - à l'égard du mouvement Houthi joue un rôle déterminant dans la formation de sa légitimité. Un examen nuancé des divers points de vue des citoyens yéménites - y compris les griefs, les allégeances et les aspirations - révèle des informations précieuses sur les dynamiques complexes qui sous-tendent le débat sur la légitimité. L'examen des positions des principaux États arabes concernant l'autorité politique des Houthis permet d'élucider les dynamiques régionales et leurs implications pour la reconnaissance internationale.

Sur la scène mondiale, les positions officielles des nations occidentales concernant la reconnaissance des Houthis sont essentielles pour façonner le récit global entourant leur légitimité. Ces positions reflètent non seulement des considérations géopolitiques, mais aussi l'interprétation des normes internationales. Les crises humanitaires qui sévissent au Yémen ont considérablement influencé les discours sur la légitimité des dirigeants houthis, soulignant l'interaction complexe entre les préoccupations humanitaires et la reconnaissance internationale.

L'imbrication des relations entre les Houthis et d'autres acteurs non étatiques à travers le monde complique encore les discussions sur leur légitimité. L'étude de ces liens transnationaux permet de mieux comprendre la nature multidimensionnelle de la position du mouvement Houthi sur la scène internationale. Le rôle des médias dans la formation de la perception des Houthis par le public et les gouvernements doit faire l'objet d'un examen rigoureux, compte tenu de son impact profond sur le dialogue sur la légitimité.

En réfléchissant à ces diverses dimensions, on se rend compte que les voies vers la reconnaissance internationale des Houthis dépendent d'une compréhension perspicace de l'interaction complexe entre les facteurs historiques, juridiques, sociétaux et mondiaux. Dans les sections suivantes, une analyse détaillée de ces éléments ouvrira la voie à une évaluation plus éclairée de la légitimité du mouvement houthi au sein du milieu international.

Contexte historique : L'évolution de la reconnaissance des Houthis

La métamorphose historique de la reconnaissance des Houthis est profondément ancrée dans la tapisserie alambiquée du paysage politique du Yémen. Une compréhension approfondie de la manière dont le mouvement houthi a été perçu et reconnu au fil du temps nécessite une exploration exhaustive des étapes historiques, des dynamiques régionales et des interventions internationales. Les racines du mouvement houthi remontent au début des années 1990, lorsque Hussein Badreddin al-Houthi, un dirigeant de la secte zaïdite, a lancé une campagne de défense des droits de la minorité chiite zaïdite marginalisée du Yémen. Ce plaidoyer s'est rapidement transformé en une insurrection plus large contre le gouvernement, alimentée par le sentiment d'être privé de ses droits sociaux, économiques et politiques. Sur fond de conflits tribaux et de griefs de longue date, les Houthis ont obtenu le soutien de leurs partisans, notamment dans le nord du Yémen. Au fur et à mesure que le mouvement houthi gagnait en force et en influence, la nature de sa reconnaissance - tant sur le plan national qu'international - a connu des oscillations importantes. La reconnaissance locale s'est accrue lorsque les Houthis ont effectivement défié l'autorité centrale et maintenu leur contrôle sur des territoires dans le nord du Yémen. Toutefois, cette incursion s'est heurtée à une profonde résistance de la part du gouvernement yéménite et des structures de pouvoir en place, ce qui a abouti à de violentes confrontations et à des tentatives de répression de la rébellion houthie. Cette première phase de confrontation et de conflit a jeté les bases des changements ultérieurs en matière de reconnaissance.

L'aube du XXIe siècle a marqué une étape cruciale dans l'évolution de la reconnaissance des Houthis, qui ont renforcé leur position en tant qu'entité redoutable au sein de la politique yéménite. L'intensification de l'insurrection houthie et leur présence croissante dans les structures de gouvernance du Yémen ont soulevé des questions pressantes quant à leur légitimité sur les scènes nationale et internationale. Leurs confrontations avec le gouvernement et l'armée yéménites, ainsi que leur rhétorique anti-américaine et anti-israélienne véhémente, ont fait d'eux des sujets d'attention au-delà des frontières du Yémen.

L'évolution de la reconnaissance des Houthis est également liée à la dynamique des pouvoirs régionaux, en particulier à la rivalité croissante entre l'Arabie saoudite et l'Iran. Le fait que l'Arabie saoudite et ses alliés du Golfe décrivent les Houthis comme des mandataires de l'Iran a eu un impact profond sur leur reconnaissance et leur légitimité régionales. Cette perspective régionale complique la reconnaissance du mouvement houthi, car de multiples acteurs et intérêts façonnent de manière complexe son image et sa position dans l'ensemble du Moyen-Orient.

Le contexte historique de la reconnaissance des Houthis comprend une série d'événements tumultueux qui ont tracé leur trajectoire, passant d'une insurrection localisée à un acteur important de la politique yéménite et régionale. L'analyse de cette évolution historique permet d'obtenir des informations essentielles sur la myriade de facteurs qui influencent la reconnaissance et la légitimité du mouvement houthi, établissant ainsi une base cruciale pour une analyse incisive de leur position dans les relations internationales contemporaines.

Perspectives juridiques : Droit international et gouvernance houthie

Sur le terrain complexe du droit international, la reconnaissance des entités politiques est une préoccupation essentielle, qui a des répercussions considérables. En analysant la gouvernance des Houthis au Yémen, il est impératif d'aborder cette question d'un point de vue juridique afin de discerner la légitimité et le statut du groupe au sein de la communauté internationale. Le droit international établit un cadre pour évaluer la gouvernance des acteurs non étatiques, en particulier ceux qui exercent un contrôle de facto sur des territoires, comme l'ont fait les Houthis dans plusieurs régions du Yémen.

La notion d'État est une pierre angulaire du droit international. La Convention de Montevideo sur les droits et les devoirs des États définit les critères de la qualité d'État, qui incluent la possession d'une population permanente, des frontières territoriales définies, un gouvernement opérationnel et la capacité d'entretenir des relations avec d'autres États. Bien que les Houthis aient pris le contrôle de facto de certaines régions du Yémen, leurs aspirations à devenir un État soulèvent des questions juridiques complexes quant à leur conformité avec les critères stipulés.

Les principes d'autodétermination sont profondément ancrés dans le tissu du droit international. Ce concept reconnaît le droit des peuples à choisir leur statut politique et à poursuivre leur développement économique, social et culturel. Les Houthis, qui représentent une partie importante de la population yéménite, soulèvent la question cruciale de savoir si leur quête de reconnaissance est conforme aux principes d'autodétermination tels qu'ils sont énoncés dans le droit international.

Les ramifications juridiques de l'implication géopolitique ajoutent une nouvelle couche de complexité au discours sur la gouvernance des Houthis. Les interventions de puissances étrangères, notamment l'Arabie saoudite et l'Iran, dans le conflit yéménite ont suscité des discussions concernant les effets des influences extérieures sur la gouvernance et la légitimité des Houthis. Cela suscite des questions pertinentes sur la mesure dans laquelle le droit international régit les actions des acteurs extérieurs concernant la reconnaissance des structures de gouvernance dans les régions touchées par un conflit.

En parcourant le paysage juridique concernant la gouvernance des Houthis, il devient évident que l'interaction à multiples facettes du droit international, des critères de la qualité d'État, des principes d'autodétermination et des influences géopolitiques incarne les complexités inhérentes au discours sur la légitimité des Houthis. Cette exploration est essentielle pour éclairer les défis liés à la reconnaissance et à l'engagement des acteurs non étatiques dans les conflits, dans le contexte du droit international.

Légitimité intérieure : Soutien public et opposition au Yémen

La quête de légitimité au Yémen est une question complexe et nuancée, qui reflète les profondes divisions et les allégeances divergentes au sein de la nation. La quête de légitimité du mouvement Houthi au niveau national est étroitement liée à la dynamique du soutien public et de la dissidence. Si les Houthis sont reconnus comme une force redoutable dans certaines régions, ils se heurtent à une résistance et à un scepticisme importants de la part de divers segments de la société. Leurs pratiques de gouvernance, en particulier l'imposition de normes religieuses et sociales, se sont heurtées au refus de ceux qui s'opposent à leur idéologie chiite zaïdite. L'accession des Houthis au pouvoir par des moyens militaires a suscité le mécontentement de nombreuses factions tribales et politiques qui considèrent leur régime comme illégitime.

À l'inverse, certains groupes démographiques, en particulier dans les territoires du nord, se sont ralliés aux Houthis, motivés par des griefs historiques et un sentiment de désillusion à l'égard du gouvernement central. L'appel à l'indépendance et à l'autonomie trouve un écho puissant chez certains Yéménites, conférant ainsi une certaine légitimité au mouvement houthi aux yeux de ses partisans. Les facteurs interdépendants de la légitimité intérieure sont donc profondément influencés par les contextes historiques, sectaires et socio-économiques, qui façonnent les dynamiques de pouvoir complexes en jeu au Yémen. Il est essentiel de comprendre les complexités du soutien et de l'opposition de l'opinion publique pour appréhender le paysage national entourant le mouvement Houthi et ses ambitions de légitimité.

Dynamique régionale : Perspectives des États arabes sur les Houthis

Le point de vue des États arabes sur les Houthis contribue à façonner la dynamique régionale complexe du Moyen-Orient. L'ascension du mouvement Houthi au Yémen a suscité une grande appréhension parmi les nations arabes voisines, en particulier l'Arabie saoudite et les Émirats arabes unis (EAU), qui perçoivent le groupe comme un mandataire de leur grand rival, l'Iran. Cette perception est largement ancrée dans l'identité chiite des Houthis et leurs prétendues affiliations avec Téhéran. Pour ces États arabes, la présence des Houthis au Yémen représente une menace existentielle pour leur sécurité et leur stabilité, car elle offre à l'Iran un point d'appui stratégique dans la péninsule arabique, ce qui pourrait faciliter l'influence régionale de Téhéran.

Par conséquent, les États arabes se sont activement engagés dans le conflit yéménite, principalement par des interventions militaires visant à contrer l'insurrection des Houthis et à rétablir le gouvernement internationalement reconnu dirigé par le président Abdrabbuh Mansur Hadi. Le blocus des ports et de l'espace aérien du Yémen par la coalition arabe a gravement affecté les zones contrôlées par les Houthis, exacerbant la crise humanitaire dans le pays.

À l'inverse, certaines nations arabes ont également manifesté leur volonté d'emprunter des voies diplomatiques pour parvenir à une résolution politique du conflit yéménite. Cela a donné lieu à diverses initiatives et à des dialogues de paix, qui témoignent d'une approche plus nuancée des relations avec le mouvement houthi. Néanmoins, les positions divergentes des différents États arabes, associées à la complexité du conflit yéménite, soulignent les multiples facettes de la dynamique régionale et leurs implications pour la légitimité et la reconnaissance des Houthis. Il est essentiel de saisir les perspectives des États arabes pour apprécier le contexte géopolitique plus large entourant le mouvement houthi et ses ramifications pour l'avenir du Yémen et du Moyen-Orient au sens large.

Position globale : Les pays occidentaux et la reconnaissance des Houthis

Le point de vue mondial sur la reconnaissance du mouvement Houthi au Yémen s'appuie sur une interaction labyrinthique de préoccupations géopolitiques, humanitaires et sécuritaires. Les nations occidentales, notamment les États-Unis, le Royaume-Uni et plusieurs membres de l'Union européenne, ont adopté une position prudente à l'égard des Houthis, conciliant méticuleusement la nécessité d'assurer la stabilité au Yémen et les obligations relatives aux droits de l'homme et au droit international. Par conséquent, la question de la reconnaissance de l'autorité des

Houthis est devenue un point central de débats et de délibérations intenses parmi les décideurs politiques occidentaux.

L'un des principaux facteurs influençant la position des États occidentaux sur la reconnaissance des Houthis est la dynamique et les alliances régionales globales. Historiquement, les nations occidentales se sont alignées sur l'Arabie saoudite et d'autres États du Conseil de coopération du Golfe (CCG), percevant le mouvement houthi comme une menace déstabilisatrice et un mandataire de l'Iran. Cet alignement a incité les décideurs politiques occidentaux à faire preuve de prudence dans leur engagement avec les autorités houthies, en particulier en ce qui concerne la reconnaissance officielle.

Les pays occidentaux sont parfaitement conscients des implications que la reconnaissance du leadership des Houthis aurait en termes de légitimité et d'adhésion au droit international. Bien qu'il existe des impératifs pragmatiques d'engagement avec l'administration de facto des Houthis - tels que la facilitation de l'accès humanitaire et la poursuite des négociations de paix - la reconnaissance formelle de leur autorité pose des problèmes à la fois juridiques et diplomatiques. Le bilan douteux des Houthis en matière de droits de l'homme, leur implication dans le conflit yéménite en cours et leurs liens présumés avec l'Iran ont collectivement rendu les gouvernements occidentaux réticents à leur accorder une reconnaissance diplomatique.

En revanche, au sein de la société civile occidentale et des organisations internationales, un nombre croissant de voix s'élèvent en faveur d'une approche plus nuancée de la reconnaissance des Houthis. Les organisations humanitaires soulignent qu'il est urgent de s'engager auprès des autorités houthies pour améliorer la distribution de l'aide et atténuer la catastrophe humanitaire qui frappe le Yémen. Certains analystes affirment qu'une reconnaissance officielle pourrait fournir aux nations occidentales un moyen d'influencer le comportement des Houthis et de faciliter un dialogue constructif visant à s'attaquer aux causes fondamentales du conflit.

En résumé, la position globale des nations occidentales concernant la reconnaissance des Houthis reflète un équilibre délicat entre les alliances stratégiques, les considérations juridiques et les impératifs humanitaires. Les contours changeants du conflit au Yémen, associés aux dynamiques changeantes de la géopolitique régionale, continuent de façonner les politiques occidentales à l'égard du mouvement Houthi, soulignant les complexités inhérentes à la reconnaissance et à la légitimité des acteurs non étatiques dans des contextes conflictuels.

Préoccupations humanitaires : Impact sur les débats de légitimité

La crise humanitaire au Yémen a non seulement engendré des souffrances considérables au sein de la population civile, mais a également profondément influencé les débats sur la légitimité du mouvement houthi. La situation désastreuse, aggravée par le conflit en cours et la gouvernance menée par les Houthis, a suscité des interrogations cruciales sur la capacité du groupe à gouverner de manière efficace et responsable.

Sur le plan intérieur, la gravité de la crise humanitaire a posé d'importants problèmes au mouvement Houthi pour conserver le soutien populaire et la légitimité du peuple yéménite. Les pénuries généralisées de ressources essentielles telles que la nourriture, l'eau potable et les soins médicaux ont suscité un sentiment généralisé de désillusion et de mécontentement chez les Yéménites ordinaires, les obligeant à examiner de près la capacité des dirigeants houthis à répondre à leurs besoins fondamentaux et à assurer leur bien-être. Les allégations concernant le détournement de l'aide humanitaire ont encore érodé la confiance du public et intensifié la crise de légitimité à laquelle sont confrontés les Houthis.

Sur la scène internationale, la situation humanitaire difficile au Yémen a conduit à une condamnation générale des politiques et des actions des Houthis. Le ciblage intentionnel des infrastructures civiles et l'obstruction de l'acheminement de l'aide humanitaire ont suscité des critiques véhémentes de la part des acteurs internationaux et des organisations de défense des droits de l'homme. En conséquence, le mépris perçu pour les principes humanitaires a gravement sapé la position du mouvement Houthi aux yeux de nombreuses nations occidentales et d'organismes internationaux, ce qui a suscité des appels en faveur d'une pression accrue et de sanctions contre le groupe. De plus, le lien complexe entre la crise humanitaire et la légitimité du mouvement Houthi soulève des considérations éthiques plus larges. L'impact catastrophique sur les civils, qui se traduit par des décès évitables, la malnutrition et des épidémies endémiques, soulève des questions fondamentales concernant l'autorité morale et la légitimité d'un organe gouvernemental qui ne protège pas ses citoyens les plus vulnérables. Ces dimensions éthiques compliquent encore davantage le discours entourant la reconnaissance et la légitimité du mouvement Houthi sur la scène mondiale.

En conclusion, les profondes préoccupations humanitaires découlant du conflit prolongé au Yémen ont joué un rôle essentiel dans les débats sur la légitimité du mouvement houthi. Sur les scènes nationales et internationales, les ramifications de la crise humanitaire ont jeté une ombre sur la gouvernance du groupe, affectant la perception de ses capacités, de sa responsabilité et de sa conduite éthique. Il est essentiel de comprendre cette dynamique pour analyser le réseau complexe de facteurs qui influencent l'évolution du paysage de la reconnaissance et de la légitimité des Houthis.

Connexions transnationales : Les relations des Houthis avec les acteurs non étatiques

Les connexions transnationales des Houthis s'étendent bien au-delà des frontières des États, incarnant des relations complexes avec des acteurs non étatiques qui ont renforcé leur influence régionale. L'examen de ces relations révèle que les interactions des Houthis avec des entités non étatiques ont façonné de manière cruciale leur position dans le contexte géopolitique général.

L'alliance des Houthis avec le Hezbollah, l'organisation militante chiite libanaise soutenue par l'Iran, constitue une dimension importante de cette dynamique. Ce partenariat se caractérise par un alignement idéologique et une collaboration militaire, le Hezbollah apportant un soutien vital aux Houthis en termes d'entraînement, d'armement et de conseils stratégiques. La convergence d'intérêts entre ces deux groupes permet non seulement de renforcer les capacités militaires des Houthis, mais aussi de consolider leurs liens avec l'Iran, amplifiant ainsi leur influence dans l'ensemble du Moyen-Orient.

Outre le Hezbollah, les Houthis ont noué des liens avec divers autres acteurs non étatiques, notamment des milices tribales et des organisations d'insurgés opérant au Yémen et dans l'ensemble de la région. Ces alliances ont permis aux Houthis d'étendre leur emprise territoriale, de consolider leur pouvoir et de résister aux forces alignées sur le gouvernement internationalement reconnu du Yémen. L'engagement avec des acteurs non étatiques va au-delà de la coopération militaire classique ; il englobe également des cadres idéologiques communs et un soutien mutuel à des récits anti-impérialistes et anti-occidentaux. Cet alignement avec des entités partageant les mêmes idées a renforcé l'image des Houthis en tant que force redoutable défiant les structures de pouvoir établies et a galvanisé le soutien de segments de la population mondiale sympathisant avec leur cause.

Toutefois, il est essentiel de reconnaître les complexités inhérentes aux relations des Houthis avec les acteurs non étatiques, en particulier en ce qui concerne les agendas divergents, les intérêts concurrents et leurs ramifications potentielles pour la stabilité régionale. L'interaction entre le mouvement Houthi et ces acteurs non étatiques souligne la nature multiforme de leur influence, façonnant les perceptions de leur légitimité tout en compliquant les efforts pour résoudre le conflit yéménite. Il est donc impératif de comprendre ces connexions transnationales pour saisir l'évolution de la dynamique du mouvement houthi et ses implications plus larges pour la politique et la sécurité régionales.

Médias et perception : Comment la couverture façonne la reconnaissance

Le rôle des médias dans l'élaboration des perceptions et de la reconnaissance du mouvement Houthi est primordial pour comprendre leur position dans les contextes nationaux et internationaux. Les récits des médias exercent une influence considérable sur l'opinion publique, les décisions politiques et l'image des Houthis sur la scène internationale. Cette interaction complexe entre la couverture médiatique et les perceptions entourant le mouvement Houthi nécessite une exploration complète de la manière dont cette couverture influe sur leur légitimité et leur position sur la scène internationale.

Les récits des médias ont la capacité d'encadrer les conflits, de façonner la compréhension du public et d'orienter les réponses diplomatiques. Dans le cas des Houthis, la couverture médiatique a varié considérablement d'un média à l'autre, ce qui a donné lieu à des descriptions divergentes de leurs objectifs, de leurs tactiques et de leur impact global. Selon le récit - que les Houthis soient décrits comme une faction rebelle, un mouvement de résistance ou une force déstabilisatrice - le paysage médiatique diversifié contribue à un large éventail de perceptions concernant le mouvement, influençant directement leur reconnaissance sur les fronts régionaux et mondiaux.

La façon dont les médias présentent les crises humanitaires et les souffrances des civils au Yémen a considérablement influencé la compréhension qu'a la communauté internationale des zones gouvernées par les Houthis. Les reportages mettant l'accent sur les violations des droits de l'homme, les victimes civiles et la situation humanitaire désastreuse ont façonné la perception du mouvement Houthi et de sa gouvernance. Ces images peuvent avoir une incidence considérable sur la volonté des gouvernements, des institutions et des autres parties prenantes de s'engager avec les Houthis ou de reconnaître leur autorité.

Les médias sociaux et les plateformes numériques ont considérablement amplifié, et parfois déformé, les récits entourant les Houthis. La prolifération de contenus générés par les utilisateurs, ainsi que la désinformation et la propagande, compliquent le paysage médiatique, contribuant à des perspectives de plus en plus polarisées sur le mouvement. La circulation d'informations biaisées, d'affirmations non vérifiées et de récits motivés par des considérations politiques ne fait qu'exacerber les difficultés liées à l'évaluation précise de la légitimité et de la reconnaissance du leadership des Houthis.

En plus de façonner les attitudes internationales, la couverture médiatique influence de manière critique les dynamiques internes au Yémen. Les médias locaux et régionaux jouent un rôle important dans la présentation du mouvement houthi aux citoyens yéménites, influençant ainsi les perceptions nationales. Cette interaction entre les récits des médias locaux et internationaux souligne la nature multidimensionnelle de l'influence des médias sur la reconnaissance et la légitimité des Houthis, tant au niveau national que mondial.

En conclusion, la couverture médiatique affecte profondément la reconnaissance et la légitimité du mouvement houthi. Il est essentiel de comprendre la complexité de l'influence des médias pour saisir les différentes perspectives et réactions à l'égard des Houthis, tant au niveau national qu'international. Reconnaître la relation nuancée entre les récits des médias, l'opinion publique et la reconnaissance est essentiel pour les décideurs politiques, les analystes et les parties prenantes qui souhaitent s'engager dans les dimensions multiples du mouvement houthi.

Conclusion : Évaluation de la voie à suivre pour la légitimité des Houthis

La quête de légitimité reste une question complexe et multiforme dans le contexte du mouvement houthi au Yémen. Comme nous l'avons démontré tout au long de cette étude, la perception et la reconnaissance des Houthis par les différentes parties prenantes - aux niveaux international, régional et national - ont de profondes implications pour l'avenir du conflit et la stabilité de la région. Pour évaluer la voie à suivre en matière de légitimité des Houthis, il est essentiel de prendre en compte la myriade de facteurs qui façonnent leur position sur la scène internationale.

Les dynamiques complexes de la couverture médiatique, des perspectives juridiques, du soutien public, des alliances régionales et internationales, des préoccupations humanitaires et des connexions transnationales soulignent ensemble les multiples facettes du débat entourant la légitimité du mouvement houthi. À mesure que nous avançons, il devient impératif de trouver un équilibre délicat entre la reconnaissance des griefs légitimes des Houthis et la prise en compte des implications plus larges de leurs actions pour la stabilité régionale, la sécurité et le bien-être humanitaire.

Pour parvenir à cet équilibre, il faut un engagement proactif avec toutes les parties prenantes, y compris les dirigeants houthis, le gouvernement yéménite, les États voisins et la communauté internationale. Une approche inclusive et globale du dialogue et de la négociation est essentielle pour favoriser une résolution durable du conflit et garantir la reconnaissance internationale et la légitimité du mouvement Houthi.

Il est essentiel de s'attaquer aux causes profondes du conflit, d'atténuer les souffrances humanitaires et de rétablir la confiance entre toutes les parties pour jeter les bases d'un processus de paix crédible et durable. Il est essentiel que tous les acteurs concernés accordent la priorité à la protection des droits de l'homme et au bien-être des civils, quelle que soit leur appartenance, en tant qu'élément fondamental de tout effort de renforcement de la légitimité.

En fin de compte, la communauté internationale, y compris les Nations unies et les principales puissances mondiales, doit assumer un rôle constructif et impartial en facilitant le dialogue, en soutenant les efforts de médiation et en fournissant une assistance pour créer des conditions propices au renforcement de la légitimité des Houthis dans une perspective plus large. En adoptant une approche holistique centrée sur l'inclusivité, la responsabilité et le respect des normes internationales, la voie à suivre pour renforcer la légitimité des Houthis pourra être tracée avec plus de clarté et de détermination, contribuant ainsi aux perspectives de paix et de stabilité durables au Yémen et dans l'ensemble de la région.

Références

1. **Al-Hariri, Jamil.** *Les Houthis et le défi de la légitimité au Yémen.* Londres : Routledge, 2020.

2. **Dahl, Sarah.** *La légitimité politique et les Houthis : Perspectives nationales et internationales.* New York : I.B. Tauris, 2021.

3. **Mabon, Simon.** *Légitimité et politique du mouvement houthi au Yémen.* New York : Columbia University Press, 2023.

4. **Wehrey, Frederic.** *L'économie politique de l'in-*

surrection houthie : *Legitimacy and Governance in Yemen.* Santa Monica, CA : RAND Corporation, 2021.

5. **Zyck, Steven.** *Reconnaissance et légitimité au Yémen* : *The Case of the Houthis.* Abingdon, Royaume-Uni : Routledge, 2022.

6. **Almasri, Samir.** *Les Houthis et le droit international* : *Questions de légitimité et de reconnaissance.* New York : Palgrave Macmillan, 2020.

7. **Sullivan, David.** *Le défi des Houthis au gouvernement yéménite* : *Disputed Legitimacy and International Recognition (Légitimité contestée et reconnaissance internationale).* Londres : Zed Books, 2019.

8. **Bahrani, Rashid.** *Le statut des Houthis* : *Légitimité, reconnaissance et communauté internationale.* Oxford : Oxford University Press, 2023.

14

L'avenir du Yémen : Scénarios possibles et perspectives de paix

Impasse politique et dilemmes actuels au Yémen

Lemilieu politique actuel du Yémen est marqué par une impasse prolongée, où une myriade de défis obstrue la voie vers une paix et une stabilité durables. Le conflit incessant a engendré une prolifération de dynamiques de pouvoir entre diverses factions nationales, dont le gouvernement internationalement reconnu du président Abdrabbuh Mansur Hadi, le Conseil de transition du Sud (STC) et un ensemble d'acteurs régionaux influents. À ce tableau complexe s'ajoute la présence insistante d'entités non étatiques, notamment la coalition houthie, qui complique le paysage avec une lutte de pouvoir alambiquée qui amplifie les divisions existantes et sape l'unité nationale.

Inextricablement liée, l'intervention des acteurs internationaux - en particulier l'Arabie saoudite et les Émirats arabes unis voisins - a considérablement influencé les complexités politiques du Yémen par le biais d'un engagement militaire et d'alliances stratégiques avec diverses factions locales. Cette dynamique s'est développée dans le contexte d'une rivalité géopolitique plus large, avec des titans régionaux tels que l'Iran et l'Arabie saoudite soutenant des factions opposées dans ce contexte tumultueux, ce qui a renforcé les animosités et les postures de confrontation.

Un examen rétrospectif des efforts de paix historiques offre des perspectives inestimables qui pourraient éclairer les voies potentielles pour sortir le pays de son bourbier actuel. En examinant de près les négociations et les règlements antérieurs, il est possible de distiller les éléments essentiels nécessaires à la réussite des efforts de consolidation de la paix au Yémen. Ces éléments peuvent servir d'informateurs cruciaux dans les poursuites diplomatiques contemporaines, améliorant ainsi l'efficacité des stratégies visant à parvenir à une résolution stable des hostilités en cours.

Pour concevoir des scénarios optimaux de résolution du conflit, les initiatives diplomatiques doivent mettre l'accent sur un dialogue inclusif, des accords de cessez-le-feu complets, des processus de démilitarisation et la mise en place d'une structure de gouvernance transitoire qui reflète fidèlement la mosaïque d'intérêts au sein de la population yéménite. La mise en place de cadres de gouvernance transparents et responsables, associée à des réformes économiques et sociales substantielles, reste impérative pour cultiver un environnement durable propice à une paix et une stabilité durables dans la région.

D'un autre côté, le spectre d'un scénario catastrophe - marqué par la prolongation de la violence, l'exacerbation des crises humanitaires et la désintégration des infrastructures de l'État - plane de manière inquiétante sur le Yémen. Les répercussions potentielles comprennent une aggravation de la catastrophe humanitaire, une escalade de la radicalisation et d'importantes retombées régionales, ce qui souligne le besoin urgent d'une intervention constructive visant à éviter ces sombres résultats.

La reconstruction globale du Yémen nécessite des ressources considérables et des efforts concertés de la part de la communauté internationale. La réparation des infrastructures dévastées, le rajeunissement des services essentiels et la relance socio-économique exigent des investissements et une expertise constants, réalisables grâce à la collaboration d'entités mondiales et d'organisations non gouvernementales qui se consacrent à des initiatives de consolidation de la paix.

Dans la poursuite de l'unité nationale post-conflit, la reconstruction de la cohésion communautaire, la

prise en compte des griefs du passé et la réconciliation des fractures historiques sont essentielles pour
engendrer une identité nationale cohésive et atténuer
les perspectives de conflits futurs. Certaines institutions et certains mécanismes, conçus pour promouvoir une gouvernance inclusive, la réconciliation et la
justice transitionnelle, doivent bénéficier d'un soutien
solide pour assurer une transition sans heurts dans le
paysage post-conflit.

La revitalisation économique apparaît comme une
autre pierre angulaire de la stabilité à long terme.
Des investissements stratégiques dans des secteurs
vitaux, tels que l'agriculture, les infrastructures et la
création d'emplois, sont essentiels pour rétablir la vi-
talité économique et créer des moyens de subsistance
pour la population yéménite. En donnant aux communautés locales les moyens d'agir grâce à des initiatives
de développement durable, la résilience peut être renforcée, contribuant ainsi à la prospérité durable du
pays.

L'élaboration d'une feuille de route pour une paix
durable au Yémen nécessite un cadre à multiples
facettes qui s'attaque aux causes profondes du conflit, protège les droits de l'homme, favorise la gouvernance participative et encourage le progrès socio-économique. Grâce à une coopération multilatérale inébranlable et à un engagement ferme, la
vision d'un avenir défini par la stabilité, la prospérité
et la réconciliation nationale peut se concrétiser pour
les citoyens du Yémen.

Principales parties prenantes : Acteurs internes et externes

Une compréhension intrinsèque des principales parties prenantes est essentielle à toute tentative de résolution de conflit visant à instaurer une paix durable. Le paysage interne du Yémen présente une tapisserie de factions politiques, de chefs tribaux et d'acteurs influents dont les enjeux dans la trajectoire de la nation sont profondément significatifs. Il est primordial de reconnaître les multiples intérêts et griefs de ces groupes, car leur engagement sera déterminant dans tout règlement négocié.

Il est essentiel d'envisager l'étendue complexe des influences extérieures, y compris les États voisins du Golfe, les puissances mondiales et les institutions internationales, chacune avec ses propres agendas et implications. Les rôles des puissances régionales, telles que l'Arabie saoudite et l'Iran, associés aux ambitions géopolitiques plus larges des États-Unis et de l'Union européenne, compliquent encore la dynamique déjà délicate du conflit yéménite.

Une compréhension nuancée des liens historiques et des relations actuelles entre ces parties prenantes s'avère essentielle pour élaborer des stratégies efficaces en faveur de la paix. L'implication des acteurs non étatiques - des factions insurgées aux groupes extrémistes et aux organisations humanitaires - façonne

le tissu même du conflit et des initiatives de consolidation de la paix. Leurs interactions avec les structures officielles de gouvernance et les communautés
locales ne doivent pas être négligées, car elles influencent profondément la trajectoire des efforts de paix.

La cartographie des intérêts qui se chevauchent,
et qui sont parfois contradictoires, de ces parties
prenantes internes et externes est une entreprise
complexe mais indispensable pour ouvrir la voie à
un dialogue inclusif et holistique. Le défi consiste à
harmoniser les aspirations des différentes factions et
à aligner leurs agendas sur une vision collective de
la stabilité et du développement - une entreprise qui
exige une diplomatie astucieuse et une médiation prudente. Il est impératif de reconnaître l'action et les
préoccupations de toutes les parties, tout en rectifi-
ant les déséquilibres de pouvoir et en répondant aux
griefs historiques, afin de jeter les bases d'une atmosphère propice à une paix durable au Yémen.

Ainsi, toute perspective plausible de paix doit tenir
compte des multiples facettes des parties prenantes
impliquées, en veillant à ce que leur engagement soit
constructif et compatible avec les objectifs plus larges
de réconciliation et d'unité nationales.

Règlements négociés : Perspectives historiques et leçons pragmatiques

Historiquement, les règlements négociés ont permis

de résoudre des conflits et de réconcilier des factions discordantes. En se penchant sur les précédents historiques, il est possible de tirer des enseignements importants et des leçons pertinentes pour la situation complexe du Yémen. L'accord du Vendredi saint de 1998, qui a mis fin à une longue période de violence en Irlande du Nord, en est un exemple notable. Cet accord montre qu'une médiation soutenue, l'instauration de la confiance et des concessions réciproques peuvent ouvrir la voie à une paix durable.

Les accords d'Oslo, conclus en 1993 entre Israël et l'Organisation de libération de la Palestine, sont un autre exemple de leçons inestimables en matière de résolution des conflits. En dépit des difficultés rencontrées par la suite, ces accords ont d'abord permis d'élaborer un plan de négociations pacifiques et de trouver une solution potentielle à un différend profondément ancré. Ce processus a mis en évidence la nécessité de répondre aux griefs fondamentaux, de garantir l'inclusivité et de galvaniser le soutien international.

La transition de l'Afrique du Sud de l'apartheid à la démocratie illustre le pouvoir de transformation de la vérité et de la réconciliation. Le parcours réussi de la nation vers la démocratie met en évidence l'efficacité d'un dialogue sérieux, du pardon et d'une vision unifiée de la coexistence future.

Plus près de nous, au Yémen, la Conférence du dialogue national (CND), organisée en 2013-2014 à la suite des bouleversements du printemps arabe, présente des enseignements cruciaux sur les négociations inclusives. Malgré les difficultés rencontrées, la CND a démontré l'importance de la représentation et de l'engagement d'un large éventail de factions yéménites dans la formulation d'initiatives de paix durables.

Tout en s'inspirant de ces exemples historiques, il est essentiel de rester conscient des complexités uniques qui imprègnent le conflit yéménite. Des principes importants émergent, tels que la nécessité d'une médiation dépassionnée, l'inclusion des voix marginalisées et la priorité donnée aux considérations humanitaires. Ces enseignements renforcent la nécessité d'un dialogue persistant, d'un compromis et d'un engagement inébranlable pour parvenir à un règlement global au Yémen.

Scénarios pour la résolution des conflits : Voies optimistes

Pour envisager des voies constructives de résolution du conflit au Yémen, il est impératif d'explorer un large éventail de stratégies et d'interventions susceptibles de favoriser l'instauration d'une paix durable. Une trajectoire viable implique un processus de paix global et inclusif qui intègre toutes les parties prenantes, y compris le gouvernement internationalement reconnu, le mouvement Houthi, les séparatistes du sud et d'autres factions importantes. Pour garantir une représentation et une contribution équitables à l'élaboration de l'avenir de la nation, ce processus doit faire l'objet d'une médiation par une tierce partie neutre et bénéficier d'un soutien international solide. La pierre angulaire de cette initiative de paix consisterait à s'attaquer aux causes profondes du conflit - griefs politiques, iniquités économiques et injustices sociales - par le biais d'un dialogue inclusif. La reconnaissance des aspirations et des droits des citoyens yéménites d'origines et de régions diverses sera essentielle à la formulation d'une solution réaliste et durable.

Un autre scénario optimiste prévoit la démilitarisation et le désarmement des acteurs non étatiques, accompagnés de l'intégration progressive des groupes armés dans des cadres de sécurité et des structures de gouvernance légitimes. Cette transition pourrait être renforcée par de vastes réformes du secteur de la sécurité visant à former des forces de sécurité professionnelles et responsables, renforçant ainsi la stabilité et l'intégrité territoriale du pays.

Une voie tournée vers l'avenir exige des efforts cohérents et coordonnés pour améliorer la crise humanitaire et reconstruire les infrastructures et les institutions assiégées du Yémen. Les initiatives de redressement devraient donner la priorité à la fourniture de l'aide humanitaire, à l'accès aux services de base et aux programmes de développement à long terme, tout en encourageant l'appropriation locale et la participation aux efforts de reconstruction. L'engagement des acteurs internationaux, tant en termes de soutien financier que d'investissement, est essentiel pour jeter les bases d'une paix durable.

L'intégration de forces de maintien de la paix sous mandat des Nations unies peut également s'avérer bénéfique, en facilitant la mise en œuvre de tout accord de paix et en assurant des garanties de sécurité pendant la phase de transition. Une feuille de route judicieuse pour la transition politique et la construction de l'État est essentielle, englobant la création d'une nouvelle constitution, la tenue d'élections libres et équitables et la mise en place de structures de gouvernance transparentes et responsables.

En complément de ces efforts, la promotion de la réconciliation nationale et de la justice transitionnelle, ainsi que des mécanismes de recherche de la vérité sur les violations historiques des droits de l'homme, seront essentiels pour favoriser la guérison sociale. Grâce à un mélange de négociations de paix globales, de réformes institutionnelles, d'aide humanitaire et de collaboration internationale, une vision optimiste de la résolution du conflit au Yémen peut en effet se matérialiser.

Scénarios de résolution des conflits : Les voies pessimistes

Lorsque l'on envisage des voies pessimistes pour la résolution du conflit au Yémen, il est essentiel de reconnaître la nature enracinée du conflit en cours et la myriade de dynamiques qui font obstacle à une résolution rapide et pacifique. Un scénario particulièrement alarmant concerne la fragmentation et la prolifération continues des groupes armés, ce qui pourrait entraîner une augmentation de la violence et de l'instabilité dans l'ensemble du pays. Cette fragmentation pourrait exacerber la dévastation de la société et des infrastructures existantes, aggravant ainsi une crise humanitaire déjà critique.

L'implication active des puissances régionales et internationales dans le soutien des factions disparates pourrait perpétuer le conflit, en approfondissant les divisions politiques existantes et en rendant le consensus pour les négociations de plus en plus difficile à atteindre. Il existe également une possibilité inquiétante de radicalisation et de militarisation de la jeunesse privée de ses droits, ce qui constitue une menace non seulement pour la stabilité interne, mais aussi pour la sécurité régionale au sens large. L'adhésion à des idéologies extrémistes, exacerbée par l'influence d'acteurs extérieurs, pourrait entraver les efforts de paix et prolonger le conflit.

De plus, l'absence d'un cadre politique unifié et inclusif représente un risque important pour la mise en place d'un gouvernement stable et d'institutions étatiques fonctionnelles. Sans un engagement authentique en faveur de l'inclusivité, les perspectives d'une paix durable restent sombres. La méfiance omniprésente et les griefs bien ancrés entre les parties adverses peuvent cimenter les rivalités, créant un environnement dans lequel un dialogue constructif devient de plus en plus improbable.

La négligence persistante des injustices sociales et économiques sous-jacentes peut alimenter des troubles permanents, perpétuant des cycles de violence qui entravent considérablement la stabilité à long terme. Pour s'attaquer à ces sombres perspectives, il faut un effort concerté de la part de toutes les parties prenantes afin d'affronter et d'atténuer les principaux moteurs du conflit, en transcendant les divisions politiques et en donnant la priorité au bien-être de la population yéménite. Ce n'est qu'en adoptant une approche globale et inclusive que la communauté internationale pourra espérer éloigner le Yémen de ces perspectives désastreuses et ouvrir la voie à un avenir plus pacifique et plus prospère.

Développement durable et reconstruction

Les composantes essentielles du développement durable et de la reconstruction au Yémen doivent impliquer des approches globales et multiformes pour naviguer dans le paysage post-conflit. L'impact destructeur d'un conflit prolongé sur les infrastructures, l'économie et le tissu social du Yémen exige un effort concerté qui réponde à la fois aux besoins humanitaires immédiats et aux objectifs de développement à long terme.

La phase initiale du développement durable devrait

mettre l'accent sur l'aide humanitaire pour répondre aux besoins urgents de la population, tels que la sécurité alimentaire, les soins de santé et le logement. Cet effort nécessite une coordination étroite entre les organisations d'aide internationale, les ONG et les autorités locales afin de garantir l'efficacité de l'acheminement de l'aide et des systèmes de soutien aux communautés vulnérables. Une fois la crise humanitaire apaisée, l'attention doit se porter sur la reconstruction à long terme, en mettant l'accent sur la reconstruction des infrastructures essentielles - écoles, hôpitaux, réseaux de transport et installations énergétiques.

Un cadre de développement durable doit être aligné sur une stratégie nationale de développement plus large qui intègre des mesures visant à atténuer la dégradation de l'environnement, à promouvoir la diversification économique et à favoriser la cohésion sociale. Le renforcement des capacités institutionnelles et des structures de gouvernance reste essentiel pour créer un environnement propice à une croissance et une stabilité durables.

La coopération internationale sera essentielle à cet égard, les pays donateurs et les organisations mondiales jouant un rôle crucial dans la fourniture de ressources financières, d'expertise technique et d'orientations institutionnelles. L'engagement du secteur privé par le biais d'incitations à l'investissement et de programmes de développement des entreprises est primordial pour revitaliser l'économie du Yémen et créer des opportunités d'emploi.

L'initiative de reconstruction devrait également soutenir la participation et l'autonomisation des communautés, en veillant à ce que les voix locales soient amplifiées et que leurs priorités soient intégrées dans le programme de développement. La collaboration avec les organisations de la société civile locale et les initiatives locales peut faciliter un processus de reconstruction inclusif et durable.

L'attention portée à l'égalité des sexes et à l'autonomisation des femmes doit faire partie intégrante du cadre de développement durable et de reconstruction, en reconnaissant les femmes comme des agents essentiels du changement et en garantissant leur participation active à la prise de décision. L'investissement dans des programmes d'éducation et de développement des compétences dotera la jeune génération des outils nécessaires pour contribuer au redressement du Yémen et à sa prospérité future.

En adoptant une approche holistique et durable du développement et de la reconstruction, le Yémen peut établir une société résiliente et prospère, ouvrant la voie à la stabilité, à la prospérité et à une paix durable.

Rôle des organisations internationales et des ONG

Les organisations internationales et les organisations non gouvernementales (ONG) sont essentielles pour répondre aux besoins humanitaires et de développement du Yémen dans le cadre du conflit en cours. Leur engagement est essentiel pour fournir une aide vitale, une expertise et un plaidoyer afin de soutenir les efforts de stabilisation et de redressement du pays. La nature complexe de la crise au Yémen nécessite une approche globale, dans laquelle ces entités offrent des capacités uniques essentielles à l'amélioration de la situation.

Avant tout, ces organisations jouent un rôle essentiel dans l'acheminement de l'aide humanitaire aux populations les plus vulnérables du Yémen. Avec des millions de personnes confrontées à l'insécurité alimentaire, à des soins de santé inadéquats et au déplacement, les organisations internationales et les ONG sont en première ligne du déploiement de l'aide d'urgence, qui comprend de la nourriture, des abris et des fournitures médicales. Leur présence allège les souffrances des civils et atténue les crises qui touchent une myriade de communautés à travers le pays.

Les organisations internationales et les ONG se consacrent à la protection des droits de l'homme et à la fourniture de services essentiels. Elles plaident pour le respect du droit humanitaire international, défendent les droits des personnes déplacées et des réfugiés, et lancent des programmes visant à promouvoir l'égalité des sexes, l'éducation et l'accès aux soins de santé. En collaborant avec des groupes de la société civile locale, ces organisations contribuent à renforcer les capacités des institutions yéménites et à donner aux communautés les moyens de relever les défis sociaux et économiques les plus urgents.

Au-delà de leurs efforts humanitaires, les organisations internationales et les ONG participent activement aux efforts de consolidation de la paix et de réconciliation au Yémen. Elles facilitent les dialogues constructifs entre les parties en conflit, promeuvent le respect des droits de l'homme et de la diversité, et encouragent la participation de tous aux processus de prise de décision. Grâce à leur expertise en matière de résolution des conflits et d'autonomisation des communautés, ces entités créent des voies vers une paix durable et renforcent la cohésion sociale.

Elles offrent une expertise technique et un soutien au renforcement des capacités aux acteurs gouvernementaux et non gouvernementaux au Yémen. En partageant les meilleures pratiques, en menant des recherches et en mettant en œuvre des projets innovants, ces organisations contribuent à renforcer les structures de gouvernance, à améliorer la résilience et à promouvoir le développement durable. Ce partage collaboratif des connaissances renforce considérablement les capacités locales et favorise l'autonomie à long terme.

Une coordination efficace entre les organisations internationales, les ONG et les autres parties prenantes est essentielle pour garantir une réponse synchronisée et efficace à la crise yéménite. En adoptant une approche unifiée, ces entités peuvent maximiser leurs efforts collectifs pour faire face aux défis multiples auxquels le Yémen est confronté. À mesure que le conflit évolue, le rôle des organisations internationales et des ONG reste indispensable pour apporter un soutien global et œuvrer en faveur d'une stabilité et d'une prospérité durables pour le peuple yéménite.

Perspectives de réconciliation et d'unité nationales

Dans le paysage politique complexe du Yémen, la poursuite de la réconciliation et de l'unité nationales est primordiale pour établir une paix et une stabilité durables. Des années de conflit, de bouleversements politiques et d'interventions extérieures ont intensifié les divisions profondes au sein de la société yéménite. La réconciliation nationale passe par un dialogue inclusif visant à répondre aux griefs de toutes les parties concernées. Ce processus doit être transparent, participatif et ancré dans la justice et la responsabilité.

La communauté internationale, y compris les acteurs régionaux et les partenaires mondiaux, peut jouer un rôle constructif en facilitant et en soutenant les initiatives de réconciliation. La réconciliation nationale implique de s'attaquer non seulement aux causes immédiates du conflit, mais aussi aux disparités socio-économiques, aux déséquilibres régionaux et aux griefs historiques de longue date. Plus important encore, elle nécessite d'instaurer la confiance entre les factions et les communautés disparates, de promouvoir un sentiment d'identité nationale commune et d'encourager le respect mutuel de la population diversifiée du Yémen.

Des initiatives telles que le dialogue entre les groupes, les programmes de réconciliation axés sur les communautés et les commissions de vérité et de réconciliation offrent des cadres pour guérir et combler les fossés. Faciliter le retour des personnes déplacées et des réfugiés tout en répondant aux besoins des groupes marginalisés fait partie intégrante de ce processus de réconciliation.

Des structures de gouvernance efficaces et représentatives qui reflètent les intérêts de tous les Yéménites sont essentielles pour promouvoir l'unité nationale. Cela peut impliquer des réformes constitutionnelles, des accords de partage du pouvoir et des mécanismes de décentralisation pour garantir une représentation et une participation équitables à tous les niveaux de prise de décision. La promotion d'une culture de tolérance, de pluralisme et de coexistence pacifique par le biais de réformes éducatives, de campagnes médiatiques et d'initiatives de sensibilisation du public peut contribuer de manière substantielle à la construction d'une identité nationale unifiée.

Dans le cadre de la réconciliation, on ne saurait trop insister sur l'importance des mécanismes de justice transitionnelle. Les réparations pour les victimes, les processus de recherche de la vérité et l'obligation de rendre compte des violations des droits de l'homme doivent être au premier plan de cet effort. Il est essentiel de trouver un équilibre entre les exigences de

justice et l'impératif de parvenir à une paix durable.
Enfin, l'intégration d'initiatives de redressement et
de développement économiques dans le processus
de réconciliation apportera des avantages tangibles à
tous les segments de la société et créera des moyens
de subsistance durables.

En s'attaquant aux causes
profondes du conflit et en adoptant une vision commune d'un avenir prospère et ouvert à tous, les perspectives de réconciliation et d'unité nationales peuvent ouvrir la voie à un Yémen plus stable et plus
harmonieux.

Reprise économique : Stratégies et opportunités

Parmi la myriade de défis auxquels le Yémen est
confronté, la nécessité d'une reprise économique est
primordiale. Le conflit en cours a gravement endom-
magé l'économie du pays, entraînant une pauvreté
généralisée, le chômage et une insuffisance des services de base. Il est donc essentiel de mettre en œuvre
des stratégies de relance économique durables pour
reconstruire le pays et améliorer les moyens de subsistance de ses citoyens.

Plusieurs domaines clés méritent d'être pris en
compte dans la formulation de ces stratégies. Tout
d'abord, il est essentiel d'investir dans les infrastructures et les services essentiels. La reconstruction
des infrastructures vitales, telles que les routes, les

systèmes d'approvisionnement en eau et les réseaux électriques, permettra non seulement d'apporter une aide immédiate, mais aussi de jeter les bases d'une croissance économique à long terme. L'investissement dans les soins de santé, l'éducation et les services sociaux est essentiel pour garantir le bien-être et la productivité de la population.

Deuxièmement, il est impératif de favoriser un environnement propice aux affaires et à l'esprit d'entreprise. L'adoption de politiques qui favorisent le développement du secteur privé, améliorent l'accès au financement et stimulent la création d'emplois permettra aux individus et aux communautés de reconstruire leur vie et de contribuer de manière significative à l'économie. Soutenir les petites et moyennes entreprises (PME) et offrir des possibilités de formation professionnelle peuvent ouvrir de nouvelles voies pour l'emploi durable et la diversification économique.

L'exploitation des ressources naturelles du Yémen et la revitalisation de l'agriculture peuvent être des moteurs importants de la reprise économique.

La communauté internationale joue un rôle essentiel dans les efforts de redressement économique du Yémen. Les partenariats de collaboration avec les organisations multilatérales, les pays donateurs et les ONG sont essentiels pour mobiliser les ressources financières, l'expertise technique et les initiatives de renforcement des capacités. Des efforts coordonnés sont nécessaires pour répondre aux besoins humanitaires urgents tout en jetant les bases d'un développement durable. Enfin, l'adoption de solutions innovantes et l'exploitation de la technologie pourraient catalyser la reprise économique au Yémen. Les initiatives de transformation numérique, les investissements dans les énergies renouvelables et la promotion du commerce électronique pourraient potentiellement stimuler le progrès économique et créer de nouvelles opportunités pour la population. L'élargissement de l'accès aux télécommunications et à la connectivité internet peut combler les fossés entre les zones urbaines et rurales et permettre aux communautés de participer à l'économie numérique en plein essor.

En conclusion, la reprise économique au Yémen nécessite des stratégies globales et intégrées qui répondent aux besoins immédiats tout en ouvrant la voie au développement durable. En donnant la priorité aux investissements dans les infrastructures, en renforçant le secteur privé, en encourageant la collaboration internationale et en adoptant l'innovation, le Yémen peut s'engager sur la voie du renouveau économique et, en fin de compte, favoriser la stabilité et la prospérité de sa population.

Paix et stabilité à long terme : Une vision pour l'avenir

L'instauration d'une paix et d'une stabilité à long

terme au Yémen est une entreprise complexe qui nécessite une approche globale englobant les dimensions politiques, sociales, économiques et humanitaires. Alors que le pays continue d'être confronté
aux répercussions d'un conflit prolongé et de crises
humanitaires, il est essentiel de formuler une vision
d'avenir qui transcende les défis immédiats et ouvre
la voie à une paix et une prospérité durables.

Un élément central de cette vision tourne autour
de la gouvernance inclusive et des mécanismes de
partage du pouvoir. En s'inspirant des précédents historiques et des sociétés post-conflit qui ont réussi,
l'avenir envisagé implique un paysage politique où
toutes les parties prenantes légitimes sont incluses
dans les processus de prise de décision. Cela implique de redéfinir le contrat social entre l'État et
ses citoyens, de traiter les griefs et d'entretenir une
culture d'inclusion et de tolérance.

La revitalisation économique du Yémen est essentielle pour jeter les bases d'une paix durable. Cette vision préconise des investissements substantiels dans
les infrastructures, la création d'emplois et la croissance du secteur privé, offrant ainsi des pistes pour
l'autonomisation socio-économique et réduisant le
risque d'une reprise des conflits due aux disparités
économiques. Les efforts de redressement doivent
donner la priorité à la gestion durable des ressources
et à la diversification afin d'atténuer les vulnérabilités
qui ont toujours alimenté l'instabilité.

De concert avec les stratégies politiques et
économiques, la vision met l'accent sur le besoin cri-

tique de cohésion sociale, de préservation culturelle et de justice transitionnelle. La guérison des blessures profondes infligées par le conflit, la promotion de l'égalité des sexes et la protection des droits des minorités font partie intégrante de l'édification d'une société qui embrasse la diversité et renforce la résilience face à de futures discordes. Les mécanismes de justice transitionnelle peuvent faciliter l'obligation de rendre des comptes et la réconciliation et, en fin de compte, favoriser un récit commun qui promeut l'unité nationale.

Un aspect essentiel de cette vision est la participation active des organisations internationales et des ONG, dont le soutien est crucial pour la mise en œuvre de programmes et d'initiatives à grande échelle axés sur le développement durable et la consolidation de la paix. Les efforts de collaboration avec les Nations unies, les organisations régionales et les pays donateurs peuvent renforcer les capacités locales et créer un environnement plus sûr, propice à une paix durable.

En fin de compte, la vision d'une paix et d'une stabilité à long terme au Yémen envisage une nation transformée, où les cicatrices du conflit ont été pansées, où les institutions démocratiques sont solides et où les opportunités économiques sont florissantes. Cette vision harmonise les aspirations à la paix avec les réalités pragmatiques du redressement post-conflit, en reconnaissant les défis complexes à relever et la nécessité d'un engagement international soutenu dans la construction d'un avenir prospère pour le Yémen.

Conclusion : Un recueil de points de vue critiques

L'analyse méticuleuse présentée dans les sections précédentes a dévoilé une pléthore de conclusions et de déductions essentielles qui soulignent l'importance stratégique de l'engagement diplomatique dans la résolution de la dynamique conflictuelle alambiquée découlant de la situation des Houthis au Yémen. Ces révélations mettent surtout en lumière la nature complexe et multiforme de la crise yéménite, qui exige une approche sophistiquée et nuancée de la diplomatie et de la résolution des conflits.

Dans un premier temps, le contexte historique a mis en évidence les complexités profondément enracinées qui caractérisent le terrain politique du Yémen, nécessitant une stratégie diplomatique qui soit à la fois consciente du contexte et historiquement informée. Simultanément, l'origine et l'idéologie du mouvement Al-Houthi ont mis en lumière les griefs et les aspirations intrinsèques qui alimentent l'insurrection houthie, soulignant ainsi l'importance primordiale de la compréhension de ces fondements idéologiques pour un engagement efficace.

Les ramifications régionales ont souligné la nécessité d'une approche diplomatique qui tienne compte des dynamiques de pouvoir complexes impliquant l'Arabie saoudite, l'Iran et d'autres influences régionales, en reconnaissant leur rôle central dans le conflit en cours et le besoin urgent de cadres régionaux coopératifs. La catastrophe humanitaire a également accentué l'impact brutal du conflit sur la population yéménite, renforçant l'impératif humanitaire intégré dans les efforts diplomatiques, ainsi que l'exigence critique de donner la priorité à la protection et à l'aide aux civils.

La capacité d'adaptation et les stratégies militaires des Houthis ont illustré la nature multiforme du conflit, soulignant la nécessité d'une stratégie diplomatique globale qui intègre harmonieusement les considérations de sécurité tout en s'attaquant aux causes profondes des troubles. Enfin, les mécanismes de gouvernance sous l'autorité des Houthis ont encore accentué la complexité de la construction de l'État et de l'administration publique au milieu du conflit, soulignant l'importance d'intégrer des considérations de gouvernance dans les initiatives diplomatiques.

Ces informations essentielles révèlent la nature complexe du conflit et plaident en faveur d'une approche diplomatique holistique, interdisciplinaire et multisectorielle qui intègre des perspectives politiques, sécuritaires, humanitaires et de développement dans sa recherche d'une paix et d'une stabilité durables au sein du Yémen.

Les prémisses stratégiques de l'engagement diplomatique

L'essence de l'engagement diplomatique est primordiale pour naviguer dans le labyrinthe de la crise yéménite. Les complexités inhérentes à ce conflit nécessitent une approche stratégique bien coordonnée qui englobe les principales parties prenantes régionales et mondiales. Les efforts diplomatiques sont indispensables pour atténuer les tensions, faciliter le dialogue et instaurer une paix durable dans la région. La reconnaissance de la valeur stratégique de l'engagement diplomatique est essentielle pour façonner l'avenir politique du Yémen.

En capitalisant sur les voies diplomatiques, il devient possible de redresser les griefs sous-jacents, de cultiver la confiance entre les factions en conflit et de défendre la stabilité. Un engagement diplomatique prolongé apparaît comme un formidable outil pour éviter une déstabilisation accrue et réduire l'influence des acteurs extérieurs. L'efficacité des initiatives diplomatiques dépend de leur capacité à galvaniser la volonté politique collective et les ressources vers des objectifs communs. Par conséquent, il est essentiel de concevoir un cadre diplomatique global qui englobe à la fois la gestion immédiate des crises et l'infrastructure nécessaire au développement à long terme. Il s'agit notamment d'établir des plates-formes pour un dialogue inclusif, de négocier des accords équitables de partage du pouvoir et d'harmoniser les efforts avec les entités internationales concernées.

Les implications stratégiques de l'engagement diplomatique vont au-delà de la simple résolution des conflits et englobent des dilemmes plus larges en matière de sécurité régionale. En cultivant des relations diplomatiques constructives, la communauté internationale peut s'attaquer en synergie à la prolifération de l'extrémisme, contrecarrer le trafic d'armes et sauvegarder les routes commerciales maritimes essentielles. Une approche diplomatique bien synchronisée peut également atténuer la crise humanitaire au Yémen, en facilitant l'acheminement de l'aide et en favorisant une reconstruction durable. En définitive, l'importance stratégique de l'engagement diplomatique réside dans sa capacité à forger une trajectoire vers un Yémen stable, prospère et sûr, renforçant ainsi la stabilité plus large du Moyen-Orient.

Les leçons de l'histoire comme balises

L'histoire est un réservoir vital de connaissances qui peuvent éclairer les voies à suivre pour résoudre les conflits contemporains. L'analyse des précédents historiques permet d'identifier des modèles, des défis et des stratégies efficaces dans des circonstances analogues. Dans le domaine de l'engagement diplomatique avec les factions insurgées et les conflits sectaires, l'examen historique fournit des perspectives critiques sur les complexités impliquées et les voies viables vers la résolution.

L'un des principaux enseignements tirés des exemples historiques est la reconnaissance de l'interaction complexe des dynamiques locales, régionales et mondiales qui façonnent les conflits. Cette prise de conscience souligne la nécessité d'adopter des approches diplomatiques adaptées au contexte. En examinant des cas historiques tels que le conflit en Irlande du Nord, le processus de paix en Colombie et les négociations avec les entités palestiniennes, nous pouvons découvrir des informations inestimables sur le rôle des médiateurs externes, les influences socio-économiques et l'importance des traités de partage du pouvoir dans la promotion d'une paix durable.

L'importance fondamentale de l'inclusion dans les initiatives diplomatiques est tout aussi vitale. Les récits historiques révèlent des cas où des stratégies d'exclusion ou des engagements biaisés ont entravé la réconciliation à long terme. À l'inverse, les initiatives qui mettent l'accent sur la participation de diverses parties prenantes - y compris les parties en conflit et les représentants de la société civile - ont montré une plus grande propension à favoriser la confiance et le consensus. Il apparaît donc clairement que les cadres de dialogue inclusifs ont la capacité d'affronter des griefs profondément ancrés et de réconcilier des identités multiformes au sein de sociétés déchirées par des conflits.

L'examen des précédents historiques met en lumière le défi que représente la navigation des intérêts géopolitiques dans les cadres diplomatiques. Des exemples tels que les accords de Dayton en Bosnie-Herzégovine et les négociations multilatérales concernant l'accord nucléaire iranien donnent un aperçu de l'interaction complexe entre les puissances régionales et mondiales dans l'élaboration des initiatives de paix. En comprenant comment les engagements historiques ont habilement manœuvré les intérêts concurrents, l'influence et les rivalités géopolitiques, les diplomates contemporains peuvent glaner une sagesse essentielle pour gérer des complexités similaires dans le contexte yéménite.

Enfin, les précédents historiques soulignent la nature prolongée de la construction de la paix ainsi que les parcours itératifs de la négociation et de la mise en œuvre. En examinant des cas tels que les accords de paix en Afrique du Sud ou la réhabilitation post-conflit au Rwanda, nous reconnaissons l'engagement durable nécessaire pour consolider la paix et s'attaquer aux injustices structurelles fondamentales. Les leçons tirées de ces épisodes historiques mettent en lumière la nécessité d'un engagement international soutenu, de mécanismes de justice transitionnelle solides et d'initiatives de développement durables parallèlement aux efforts diplomatiques.

L'exploitation de la sagesse contenue dans les précédents historiques permet aux décideurs politiques, aux diplomates et aux praticiens de la paix de naviguer dans le paysage multiforme du conflit yéménite avec un pragmatisme éclairé et une prévoyance stratégique astucieuse.

Examen des parties prenantes : Acteurs locaux, régionaux et mondiaux

L'analyse des parties prenantes constitue un mécanisme essentiel pour comprendre la tapisserie complexe des acteurs enchevêtrés dans le conflit yéménite. Il est essentiel d'identifier et d'évaluer les perspectives, les intérêts et l'influence des diverses parties prenantes aux niveaux local, régional et mondial.

Au niveau local, les chefs tribaux, les familles estimées et les représentants des communautés exercent une autorité considérable sur la dynamique du Yémen. Leurs griefs historiques et leur emprise territoriale doivent être méticuleusement évalués lors de tout effort diplomatique.

En ce qui concerne le milieu régional, des acteurs clés tels que l'Arabie saoudite, l'Iran et les États du Golfe ont des enjeux considérables au Yémen. Leurs calculs stratégiques, leurs engagements par procuration et leurs aspirations géopolitiques ont considérablement exacerbé le conflit. Il est indispensable de comprendre les interactions multiples entre ces forces régionales pour élaborer des cadres de paix inclusifs et durables.

Sur le plan mondial, des entités telles que les États-Unis, l'Union européenne, les Nations unies et d'autres acteurs internationaux exercent une influence considérable sur l'évolution du paysage de la crise yéménite. Leurs engagements couvrent l'aide humanitaire, la médiation politique, les transactions d'armes et les collaborations en matière de sécurité. Il est essentiel de comprendre leurs priorités politiques, leurs alliances et leurs engagements en faveur des efforts de consolidation de la paix pour naviguer sur le terrain diplomatique.

Les acteurs non étatiques, notamment Al-Qaïda dans la péninsule arabique (AQAP) et l'État islamique, représentent de formidables défis. Leurs programmes transnationaux, leurs tactiques asymétriques et leurs stratégies de recrutement compliquent encore la dynamique du conflit. Pour s'attaquer à ces entités non étatiques, il est nécessaire de procéder à un calibrage délicat des stratégies militaires, de renseignement et de lutte contre le terrorisme, parallèlement à une action diplomatique.

L'accent mis sur un cadre sensible au genre dans l'analyse des parties prenantes met en évidence les rôles, les besoins et les perspectives essentiels des femmes au cours des processus de paix. Leur inclusion et leur représentation significatives dans les arènes décisionnelles sont primordiales pour s'attaquer aux moteurs sous-jacents du conflit et favoriser une paix durable.

Enfin, les communautés de la diaspora et les organisations de la société civile opérant à l'intérieur et à l'extérieur du Yémen façonnent de manière significative les récits, fournissent une aide humanitaire cruciale et plaident en faveur d'une gouvernance inclusive. La mobilisation de leur expertise, de leurs réseaux et de leurs initiatives locales peut grandement contribuer à la résolution des conflits et aux efforts de restauration post-conflit.

En résumé, il est essentiel de procéder à une analyse approfondie des parties prenantes pour concevoir des stratégies diplomatiques qui englobent le paysage diversifié et complexe des acteurs impliqués dans le conflit yéménite. Elle jette les bases de dialogues inclusifs, d'accords équitables de partage du pouvoir et d'initiatives durables de consolidation de la paix.

Cadres pour une paix durable

La recherche d'une paix durable dans les régions ravagées par les conflits, comme le Yémen, nécessite une approche globale et multidimensionnelle. Dans cette optique, la formulation et la mise en œuvre de cadres efficaces pour une paix durable sont essentielles pour s'attaquer aux causes profondes des conflits et favoriser une stabilité durable. La paix durable transcende la simple absence de violence ; elle incarne la présence de conditions qui favorisent la cohésion sociale, la justice et le progrès économique.

Un aspect essentiel de ces cadres de paix durable est l'incorporation de processus inclusifs qui engagent toutes les parties prenantes concernées - communautés locales, groupes marginalisés, organes gouvernementaux et acteurs internationaux. En veillant à ce que diverses voix soient représentées dans la prise de décision, on favorise un processus de paix qui reflète véritablement les intérêts et les préoccupations de toutes les parties concernées, ce qui renforce leur appropriation et leur engagement à l'égard des résultats.

Ces cadres doivent donner la priorité à la mise en place de structures de gouvernance responsables et transparentes. Cela suppose de promouvoir l'État de droit, de lutter contre la corruption et de faire respecter les normes en matière de droits de l'homme. Le renforcement des institutions dédiées à la justice et à la responsabilité est crucial pour cultiver la confiance entre les parties en conflit et créer un environnement propice à une paix durable.

Un autre élément indispensable de ces cadres est l'accent mis sur le développement socio-économique et la fourniture de services essentiels. La prise en compte des griefs liés à la pauvreté, aux inégalités et à l'accès limité aux ressources permet de s'attaquer aux moteurs socio-économiques des conflits. Les investissements dans les infrastructures, l'éducation, les soins de santé et les moyens de subsistance peuvent renforcer la résilience des communautés et atténuer les risques d'instabilité future.

Les cadres de paix durable devraient promouvoir les processus de réconciliation et de guérison aux niveaux interpersonnel, communautaire et sociétal. Les mécanismes de vérité et de réconciliation, les initiatives de commémoration et les programmes de soutien psychosocial sont essentiels pour traiter les séquelles des traumatismes passés et renforcer la cohésion sociale. Ces efforts facilitent la confiance, la compréhension et le pardon entre les individus et les communautés touchés par le conflit.

Ces cadres doivent intégrer des approches du développement et des interventions humanitaires qui tiennent compte des conflits. Il est essentiel de reconnaître la dynamique des conflits et leurs effets sur les différents segments de la population pour s'assurer que les projets d'aide et de développement n'exacerbent pas par inadvertance les tensions ou ne contribuent pas à aggraver l'instabilité. En adoptant une programmation sensible aux conflits, les parties prenantes peuvent mieux aligner leurs efforts sur les réalités du terrain.

Mécanismes de résolution des conflits et de médiation

Dans un conflit aussi complexe que celui du Yémen, le rôle de la médiation et des mécanismes de résolution des conflits est d'une importance capitale. La nature complexe de la crise yéménite nécessite une approche globale de la consolidation de la paix, axée sur la prise en compte des griefs sous-jacents, la promotion du dialogue et l'instauration d'une confiance mutuelle entre les factions en conflit. Les efforts de médiation doivent faire appel à un large éventail d'outils et de stratégies, intégrant à la fois des méthodes traditionnelles et contemporaines afin d'atténuer efficacement les hostilités et d'instaurer une paix durable. Un aspect essentiel de la médiation consiste à identifier les principales parties prenantes et les courtiers en puissance au Yémen et dans l'ensemble de la région. Il est essentiel de comprendre leurs intérêts, leurs préoccupations et les domaines potentiels de compromis pour un engagement constructif. Les médiateurs doivent naviguer habilement entre les multiples facettes des affiliations politiques, tribales et religieuses afin d'établir un consensus et de favoriser des négociations inclusives. L'implication des organisations de base, des groupes de femmes et des acteurs de la société civile peut enrichir le processus en garantissant que les diverses perspectives sont représentées et en suscitant l'adhésion des populations marginalisées.

La mise en place de mécanismes formels de résolution des conflits, tels que des comités de paix localisés ou des conseils tribaux, peut constituer un moyen essentiel de résoudre les conflits au niveau communautaire, contribuant ainsi aux processus de réconciliation nationale. Parallèlement, les acteurs et médiateurs internationaux devraient mobiliser leurs ressources pour soutenir les initiatives de médiation locales, en reconnaissant l'importance des connaissances et de l'expertise autochtones dans la gestion des tensions intracommunautaires.

Les plateformes technologiques innovantes de médiation, y compris les espaces de dialogue virtuels et les forums de réconciliation numériques, peuvent transcender les barrières géographiques et améliorer la communication entre des factions disparates. Ces plateformes offrent des moyens efficaces de favoriser le dialogue et la compréhension, en particulier dans les environnements où les déplacements physiques sont limités.

L'intégration des principes de la justice réparatrice dans les processus de médiation est essentielle pour traiter les séquelles de la violence et des violations des droits de l'homme. Cela favorise non seulement la responsabilisation, mais ouvre également la voie à la guérison et à la cohésion sociétale. En fin de compte, une médiation efficace nécessite une compréhension nuancée des dynamiques locales, des griefs historiques et des complexités sociopolitiques qui définissent le paysage du conflit au Yémen. Des stratégies de médiation globales et bien coordonnées, ancrées dans un engagement en faveur de l'inclusion et de l'autonomisation, sont indispensables pour tracer la voie vers une paix et une réconciliation durables.

Incitations économiques et efforts de reconstruction

Dans l'enchevêtrement des conflits et de l'instabilité au Yémen, la mise en œuvre d'incitations économiques et d'efforts de reconstruction est cruciale. La guerre en cours a dévasté l'économie, les infrastructures et le tissu social du pays, laissant des millions de personnes dans un besoin urgent d'assistance et d'opportunités de développement durable. La résolution de cette crise nécessite des investissements stratégiques et un soutien économique afin de jeter les bases d'une stabilité et d'une prospérité à long terme.

Donner la priorité aux incitations économiques peut catalyser la consolidation de la paix en offrant des avantages tangibles aux factions belligérantes, encourageant ainsi une transition vers la réconciliation et la coopération. Des investissements ciblés dans des secteurs clés tels que l'agriculture, l'énergie et le commerce peuvent ouvrir la voie à la création d'emplois, à la génération de revenus et à l'autonomisation économique, en atténuant les vulnérabilités qui alimentent les conflits tout en favorisant un sentiment partagé de prospérité.

Les efforts de reconstruction sont également indispensables pour remettre sur pied les infrastructures et les institutions du Yémen qui ont volé en éclats. Il s'agit non seulement des structures physiques telles que les routes, les écoles, les hôpitaux et les systèmes d'approvisionnement en eau, mais aussi de la revitalisation des cadres de gouvernance, des systèmes juridiques et des services publics. Ces efforts ne visent pas seulement à remédier aux conséquences immédiates du conflit ; ils sont essentiels pour restaurer la confiance dans les institutions gouvernementales et créer un environnement propice à une paix et à un développement durables.

Parallèlement aux incitations économiques et à la reconstruction, il est impératif que les acteurs internationaux - nations donatrices, organisations de développement et institutions financières - alignent leurs efforts sur les priorités locales et s'engagent dans des partenariats authentiques avec les parties prenantes yéménites. Pour ce faire, il est nécessaire de donner aux communautés et aux autorités locales les moyens de participer aux processus décisionnels, d'améliorer la transparence et la responsabilité, et de veiller à ce que les investissements répondent aux besoins globaux de la population.

Il est essentiel de reconnaître l'intersection des incitations économiques et de la reconstruction avec les considérations humanitaires. Il est essentiel de répondre aux besoins humanitaires immédiats pour sauver des vies et atténuer les souffrances, mais il est tout aussi important d'intégrer les efforts de redressement économique et de reconstruction à long terme dans les stratégies humanitaires. Une telle approche intégrée comble le fossé entre l'aide d'urgence et le développement durable, permettant aux communautés de se reconstruire dans la dignité et la résilience.

En fin de compte, la poursuite des incitations économiques et des efforts de reconstruction devrait être guidée par une vision de développement global et inclusif qui transcende les solutions à court terme. En exploitant le potentiel réparateur de l'investissement économique et de la reconstruction, le Yémen peut se frayer un chemin vers la réparation de sa société fracturée, la revitalisation de son économie et la réalisation des aspirations de son peuple à un avenir pacifique et prospère.

Considérations humanitaires et protection des civils

Dans le contexte du conflit en cours au Yémen, les profonds défis humanitaires nécessitent de se concentrer d'urgence sur la protection et le bien-être des civils. La situation humanitaire désastreuse a été exacerbée par des hostilités incessantes, des déplacements prolongés et de graves perturbations des services essentiels. Il est essentiel de répondre à ces préoccupations urgentes dans le cadre plus large de l'engagement diplomatique.

L'une des premières priorités est la protection des populations vulnérables, notamment les femmes, les enfants et les personnes déplacées, qui sont particulièrement à la merci des ravages causés par le conflit. La destruction massive des infrastructures - centres de soins, systèmes d'approvisionnement en eau et établissements d'enseignement - a non seulement entravé l'accès aux services vitaux, mais a également accru la vulnérabilité des civils aux maladies et à la malnutrition.

Une protection efficace des civils exige une stratégie globale qui englobe l'acheminement de l'aide humanitaire, la facilitation d'un accès sûr et sans en-

trave pour les organisations humanitaires et le respect
du droit humanitaire international et des normes en
matière de droits de l'homme. Le respect de ces
principes est essentiel pour atténuer les effets des
conflits armés sur les civils et sauvegarder leur dignité
et leurs droits. Les efforts visant à atténuer la crise humanitaire
doivent s'appuyer sur un engagement ferme en faveur
de l'impartialité, de la neutralité et de l'indépendance
dans l'acheminement de l'aide, afin que celle-ci parvi-
enne à ceux qui en ont le plus besoin, sans discrimination ni politisation. Parallèlement, la protection des
infrastructures civiles - hôpitaux, écoles et installations publiques essentielles - est vitale pour maintenir
la cohésion sociale et permettre aux communautés de
se relever dans l'adversité.

Il est impératif, dans le cadre de l'engagement diplomatique, de plaider en faveur de la protection des
civils et de leurs droits fondamentaux dans le cadre
du discours plus large sur la résolution des conflits.
Reconnaître le lien intrinsèque entre l'action humanitaire et la consolidation de la paix est essentiel pour favoriser des solutions durables et jeter les bases d'une
stabilité pérenne. La prise en compte stratégique de
l'impact humanitaire du conflit et le renforcement de
la résilience des communautés touchées font partie
intégrante du processus de paix global.

Ainsi, l'intégration des considérations humanitaires
et de la protection des civils dans les initiatives
diplomatiques et les négociations de paix n'est pas
seulement souhaitable, elle est essentielle pour faire

avancer l'objectif collectif de rétablir la stabilité et d'assurer le bien-être de tous les Yéménites.

Suivi et évaluation des initiatives diplomatiques

Le suivi et l'évaluation systématiques des initiatives diplomatiques sont indispensables pour garantir l'efficacité et le succès de tout engagement diplomatique, en particulier dans le contexte complexe du conflit yéménite.

Pour commencer, le suivi des initiatives diplomatiques nécessite la mise en place d'indicateurs clairs et mesurables qui évaluent l'impact et les résultats des efforts diplomatiques. Ces indicateurs peuvent porter sur l'avancement des accords de cessez-le-feu, l'efficacité de l'aide humanitaire et le rétablissement des services de base pour les populations touchées par la guerre. En recourant à la collecte et à l'analyse systématiques des données, les diplomates et les médiateurs peuvent évaluer l'efficacité de leurs interventions et procéder à des ajustements en connaissance de cause si nécessaire.

Deuxièmement, l'évaluation des initiatives diplomatiques nécessite une compréhension globale des dynamiques locales, régionales et mondiales qui influencent le conflit yéménite. Il s'agit d'examiner les implications géopolitiques plus larges des actions diplomatiques, notamment les changements d'alliances, l'implication d'acteurs extérieurs et les effets d'entraînement potentiels des stratégies diplomatiques dans l'ensemble du Moyen-Orient. Ces évaluations font partie intégrante de l'élaboration d'approches diplomatiques adaptables et spécifiques au contexte, qui permettent de naviguer dans les complexités du paysage conflictuel du Yémen.

Un autre élément essentiel du suivi et de l'évaluation est l'intégration de mécanismes de retour d'information de la part des parties prenantes concernées, notamment les communautés locales, les autorités gouvernementales, les acteurs non étatiques et les organisations internationales. En sollicitant activement l'apport de diverses perspectives, les efforts diplomatiques peuvent être affinés pour répondre plus efficacement aux besoins et aux préoccupations de ceux qui sont directement touchés par le conflit, renforçant ainsi la légitimité et l'inclusivité du processus diplomatique.

L'évaluation continue de la mise en œuvre des engagements diplomatiques est essentielle pour identifier les obstacles potentiels, les conséquences involontaires ou les domaines à améliorer. Cela nécessite un dialogue et une collaboration réguliers entre les diplomates, les experts politiques et les spécialistes de la résolution des conflits afin d'analyser l'évolution de la dynamique du conflit et d'ajuster les stratégies diplomatiques en conséquence. La flexibilité et l'adaptabilité sont des caractéristiques cruciales pour répondre à la nature fluide et imprévisible du conflit yéménite.

En résumé, il est évident qu'un suivi et une évaluation diligents des initiatives diplomatiques sont essentiels pour déterminer leur efficacité et leur impact. La nature multiforme du conflit yéménite exige une approche nuancée et réactive de l'engagement diplomatique, ancrée dans une évaluation rigoureuse et des stratégies adaptatives. En adoptant un cadre holistique et dynamique pour le suivi et l'évaluation des initiatives diplomatiques, la communauté internationale peut œuvrer en faveur d'une paix durable et d'une transformation constructive au Yémen.

Recommandations politiques pour les engagements futurs

Compte tenu des complexités et des défis inhérents à l'engagement diplomatique avec le mouvement Houthi au Yémen, il est essentiel de formuler des recommandations politiques globales qui peuvent orienter les engagements futurs. Ces recommandations doivent découler d'une compréhension approfondie de l'histoire, de la dynamique et des subtilités du conflit, ainsi que des intérêts et des motivations des différentes parties prenantes.

Principales recommandations politiques :

1. Donner la priorité à l'inclusion et à la représentation :

Il est impératif que toute initiative diplomatique mette l'accent sur l'inclusivité en veillant à ce que toutes les parties concernées, en particulier les groupes marginalisés et les communautés locales, puissent s'exprimer à la table des négociations. Une telle inclusion favorise un sentiment d'appropriation et d'engagement à l'égard du processus de paix, augmentant ainsi la probabilité de résultats durables.

2. Respecter les droits de l'homme et le droit humanitaire international :

Les engagements futurs doivent être étayés par un engagement à respecter les droits de l'homme et le droit humanitaire international. Cela implique de mettre l'accent sur la protection des civils, la prévention des atrocités et la fourniture de services essentiels aux populations touchées.

3. Adopter les efforts de renforcement de la confiance et de réconciliation :

Le rétablissement de la confiance et la réconciliation entre les factions belligérantes devraient être au cœur des stratégies diplomatiques. Cela pourrait englober des mesures de confiance, des mécanismes de vérité et de réconciliation, ainsi que des initiatives culturelles visant à faciliter la compréhension mutuelle et l'apaisement.

4. Tirer parti des incitations économiques et des initiatives de reconstruction :

Les incitations économiques et les efforts de re-construction peuvent considérablement renforcer la paix et la stabilité. Le traitement des griefs socio-économiques et l'investissement dans des projets d'infrastructure et de développement sont des mesures cruciales que les acteurs diplomatiques peuvent prendre pour jeter les bases d'une prospérité à long terme.

5. Mettre en place de solides mécanismes de suivi et d'évaluation :

La mise en place de systèmes de suivi et d'évaluation solides est essentielle pour évaluer l'efficacité des engagements diplomatiques et ajuster les stratégies si nécessaire. Cela impliquera une coordination étroite avec les organisations internationales, la société civile et les parties prenantes locales afin de recueillir des données et des informations précises.

6. Reconnaître les dimensions régionales et mondiales :

Une compréhension nuancée des dimensions régionales et mondiales du conflit est essentielle à la réussite des engagements diplomatiques. Saisir les intérêts géopolitiques et les rivalités en jeu, tout en s'appuyant sur les organisations régionales et les États influents pour soutenir les efforts de paix, peut améliorer les perspectives d'une résolution durable.

La mise en œuvre de ces recommandations politiques nécessitera des efforts diplomatiques coordonnés et soutenus, complétés par une volonté d'adapter les stratégies en fonction de l'évolution du contexte sur le terrain. En fin de compte, il sera indispensable de donner la priorité à l'inclusion, aux droits de l'homme, à la réconciliation, au développement économique et aux partenariats stratégiques pour tracer une voie viable vers une paix durable au Yémen.

Bibliographie

Note : Cette bibliographie n'est qu'indicative. Nous n'avons pas cité les articles des revues, de la presse et des médias, ni les interviews.

Aharon, Yael. *Yemen, Israel, and the Regional Power Struggle : Comprendre le rôle des Houthis dans une nouvelle ère.* Londres : Routledge, 2022.

Adebajo, Adekeye, et Daniel S. Makun. *De la Libye au Yémen : Les Nations Unies et l'état fragile de la sécurité mondiale.* New York : Oxford University Press, 2021.

Al-Akwa, Samir. *Pratiques administratives dans le Yémen contrôlé par les Houthis : Gouvernance et prestation de services.* Oxford : Oxford University Press, 2022.

Al-Ariqi, Ahmad. *Le Yémen en crise : Implications géopolitiques pour Israël et au-delà.* Washington, DC : Middle East Institute, 2020.

Al-Ghabar, Yasser. *Les Houthis : Une histoire politique du mouvement au Yémen.* Londres : I.B. Tauris,

2017.

Al-Hariri, Jamil. *Services publics au Yémen : Houthi Governance in a Time of Crisis.* Londres : Routledge, 2021.

Al-Hariri, Jamil. *Les Houthis et le défi de la légitimité au Yémen.* Londres : Routledge, 2020.

Al-Hariri, Jamil. *La crise du Yémen : A Security Perspective.* Abingdon, Royaume-Uni : Routledge, 2018.

Al-Maamari, Aseel. *La montée des Houthis : Stratégies et tactiques au milieu du conflit.* Londres : Authored Futures, 2021.

Al-Mikhlafi, Nasser. *La montée des Houthis : Dynamiques politiques et militaires au Yémen.* New York : Routledge, 2021.

Al-Muhairi, Ameen. *Yémen : A Historical and Cultural Overview.* Londres : Saqi Books, 2015.

Al-Sakkaf, Mohammed. *Le mouvement Houthi au Yémen : La politique, la guerre et l'avenir du Yémen.* New York : Oxford University Press, 2020.

Al-Samadi, Mohamed. *The Rise of the Zaidis : Tracing the Politics of Yemen's Shiite Identity (L'ascension des Zaidis : la politique de l'identité chiite au Yémen).* Londres : Saqi Books, 2018.

Alam, Aasim. *Yémen : The Struggles of the Zaidi Community.* Londres : Zed Books, 2021.

Ala-Maaty, Mohamad. *L'Iran et les Houthis : Sectarian Alliances in the Middle East.* Cambridge : Cambridge University Press, 2020.

Aldaci, Ammar. *Le Yémen : Un État en crise.* Londres : Routledge, 2019.

Aldajani, Khalid. *La dynamique de la culture*

yéménite. Abingdon, Royaume-Uni : Routledge, 2021.

Alder, Bethany. *Risque, guerre et quête de paix au Yémen.* Cambridge : Cambridge University Press, 2020.

Almasri, Samir. *Les Houthis et le droit international : Questions de légitimité et de reconnaissance.* New York : Palgrave Macmillan, 2020.

Anderson, David. *L'impact de la guerre sur le patrimoine culturel du Yémen.* Londres : Routledge, 2022.

Awan, Talib. *Le rôle des puissances régionales dans le conflit du Yémen.* New York : Springer, 2021.

Bahrani, Rashid. *Civil Society and Governance in Houthi-Controlled Areas of Yemen (Société civile et gouvernance dans les zones contrôlées par les Houthis au Yémen).* Abingdon, Royaume-Uni : Routledge, 2021.

Bahrani, Rashid. *Le statut des Houthis : Légitimité, reconnaissance et communauté internationale.* Oxford : Oxford University Press, 2023.

Carter, L. S. *The Rise of the Houthis : Conséquences géopolitiques dans la région du Golfe.* Washington, DC : Brookings Institution Press, 2018.

Corbin, Julia. *De Gaza au Yémen : Les stratégies du Hamas et des Houthis.* Londres : Hurst & Company, 2020.

Cunningham, Andrew. *Winds of Change : Le printemps arabe et son impact sur le Yémen.* New York : Palgrave Macmillan, 2015.

Dahl, Sarah. *La gouvernance des Houthis : Une étude de l'administration et des services publics au Yémen.* New York : Columbia University Press, 2023.

Dahl, Sarah. *La légitimité politique et les Houthis : Perspectives nationales et internationales.* New York :

I.B. Tauris, 2021.

Ellis, Matthew. *Changements géopolitiques : Les Houthis et leur impact sur la stratégie israélienne.* New York : Palgrave Macmillan, 2022.

Fahim, Abdurrahman. *Israël à l'ère des Houthis : Security and Strategic Concerns.* New York : Columbia University Press, 2023.

Faiq, Rania. *Zaidi Shi'ism : Religion, politique et culture au Yémen.* Londres : Routledge, 2019.

Fawaz, Leila. *Histoire du Yémen moderne.* Cambridge : Cambridge University Press, 2018.

Gad, Waleed. *La sécurité nationale israélienne et les Houthis : Challenges and Opportunities.* Abingdon, Royaume-Uni : Routledge, 2023.

Graham, William. *Le Yémen : L'Arabie inconnue.* Londres : Caxton Press, 1997.

Griffiths, Aidan. *Après la guerre : les conséquences humanitaires du conflit au Yémen.* Washington, DC : United States Institute of Peace Press, 2021.

Hagmann, Tobias, et Christoph zurcher. *La lutte pour le Yémen : Le mouvement Houthi et la lutte pour le contrôle politique.* Oxford : Oxford University Press, 2020.

Halm, Hans. *L'islam chiite : A Global History.* Oxford : Oxford University Press, 2018.

Heller, Mark. *Guerre et économie politique au Moyen-Orient : The Houthis, U.S. Strategy, and Yemen's Future.* Abingdon, Royaume-Uni : Routledge, 2020.

Hildebrand, Joseph. *La dévastation du Yémen : A Humanitarian Perspective on the War.* Abingdon, Royaume-Uni : Routledge, 2022.

Hoffman, Bruce. *Inside Terrorism.* New York : Columbia University Press, 1998.

Hounshell, Blake. *Civils au Yémen : Stories of Struggle and Survival amid Conflict.* Londres : I.B. Tauris, 2020.

Ismail, Omer. *Yémen : A Political History from the First World War to the Present.* Oxford : Oxford University Press, 2016.

Jiang, Xiao. *Le mouvement Houthi au Yémen : Son histoire, son idéologie et son impact sur la politique.* New York : Springer, 2021.

Kapteijns, Louise. *Le Yémen et la politique du patrimoine culturel : The Voices of the People.* Cambridge : Cambridge University Press, 2019.

Katzman, Kenneth. *Yémen : Civil War and Regional Intervention.* Washington, DC : Congressional Research Service, 2020.

Long, David E. *Les États-Unis et le Yémen : Une histoire des relations et des interactions.* New York : Palgrave Macmillan, 2018.

Lynch, Marc. *Le soulèvement arabe : Les révolutions inachevées du nouveau Moyen-Orient.* New York : PublicAffairs, 2012.

Mabon, Simon. *Le Hezbollah et les Houthis : La nature de la violence politique au Moyen-Orient.* Londres : I.B. Tauris, 2021.

Mabon, Simon. *La résilience des Houthis au Yémen : A Social Movement Analysis.* Londres : Hurst & Company, 2019.

Mabon, Simon. *Légitimité et politique du mouvement houthi au Yémen.* New York : Columbia University Press, 2023.

Malik, Sarah. *Le mouvement Houthi : Origines, idéologie et politique au Yémen.* Londres : C. Hurst & Co, 2018.

McCauley, Rachel. *L'impact de la guerre du Yémen sur la vie civile : Perspectives et témoignages.* Seattle : University of Washington Press, 2019.

McGowan, Sarah. *L'administration publique dans les régions dirigées par les Houthis : Moving Beyond Military Governance.* New York : Palgrave Macmillan, 2020.

Montgomery, David. *Les Zaidis du Yémen : Une étude historique et sociale.* New York : Palgrave Macmillan, 2016.

Naylor, Christopher. *Le chiisme zaïdite : A New Perspective on the Houthi Movement.* Londres : Institute for the Study of War, 2020.

Norton, Augustus Richard. *Le Hezbollah : A Short History.* Princeton, NJ : Princeton University Press, 2007.

Ryan, Helen. *La crise humanitaire au Yémen : The Toll of War on Civilians (Le prix de la guerre pour les civils).* New York : Zed Books, 2020.

Salafisme ou démocratie ? Le défi des révoltes yéménites. Édité par Peter Salisbury. Londres : Chatham House, 2017.

Salisbury, Peter. *Le Yémen : Caught in the Crossfire of Regional Geopolitics.* Londres : Chatham House, 2015.

Salisbury, Peter. *Le dialogue national au Yémen : Une opportunité pour la paix ?* Londres : Middle East

Institute, 2014.

Sullivan, David. *La crise au Yémen : Stratégies militaires et résilience des Houthis.* New York : Routledge, 2019.

Sullivan, David. *Le défi des Houthis au gouvernement yéménite : Disputed Legitimacy and International Recognition (Légitimité contestée et reconnaissance internationale).* Londres : Zed Books, 2019.

Thomas, Amy. *Le mouvement Houthi : Une vue d'ensemble de l'insurrection chiite au Yémen.* Londres : M.E. Sharpe, 2016.

Voll, John O. *Islamic Culture in the Middle East : Le cas des Houthis.* Oxford : Alan S. Korman Press, 2017.

Watkins, Eric. *Le Yémen : Une approche de l'économie politique.* Londres : Zed Books, 2018.

Wehrey, Frederic. *La politique sectaire dans le Golfe : De la guerre d'Irak aux soulèvements arabes.* New York : Cambridge University Press, 2013.

Wehrey, Frederic. *Les combats au Yémen : Une guerre sur plusieurs fronts.* Santa Monica, CA : RAND Corporation, 2018.

Wehrey, Frederic. *L'économie politique de l'insurrection houthie : Legitimacy and Governance in Yemen.* Santa Monica, CA : RAND Corporation, 2021.

Weiss, David. *La crise du Yémen : Le bilan humain et l'avenir.* New York : Columbia University Press, 2020.

Wedeen, Lisa. *Visions périphériques : Publics, Power, and Performance in Yemen.* Chicago : University of Chicago Press, 2008.

Wells, John. *Yémen : The Structure of a Failed State.* New York : Routledge, 2020.

Woods, Michael. *Les Houthis : Le mouvement "folklorique" du Yémen, de la politique locale à la politique régionale.* New York : Palgrave Macmillan, 2018.

Woods, Michael. *Le renouveau zaïdi et le mouvement houthi : Contextes historiques et religieux.* New York : Bloomsbury Academic, 2019.

Zarif, Alia. *Sectarisme et politique au Yémen : The Dilemma of the Zaidi Shi'ites.* Londres : Hurst & Company, 2015.

Zarif, Hiba. *State Building in Conflict : Houthi Administration in Yemen.* Santa Monica, CA : RAND Corporation, 2019.

Zyck, Steven. *Le conflit au Yémen : Le défi des interventions extérieures.* Washington, DC : Institut de la paix des États-Unis, 2019.

Zyck, Steven. *Reconnaissance et légitimité au Yémen : The Case of the Houthis.* Abingdon, Royaume-Uni : Routledge, 2022.